AF189674

Das kleine Handbuch der Rhetorik 2100

Nervosität austricksen

Mir zittern die Knie

Horst Hanisch

© Zweite Auflage: 2019 by Horst Hanisch, Bonn

© Erste Auflage: 2017 by Horst Hanisch, Bonn

Bibliografische Information der Deutschen Nationalbibliothek: Die Deutsche Nationalbibliothek verzeichnet diese Publikation in der Deutschen Nationalbibliografie; detaillierte bibliografische Daten sind im Internet über dnb.dnb.de abrufbar.

Der Text dieses Buches entspricht der neuen deutschen Rechtschreibung.

Idee und Entwurf: Horst Hanisch, Bonn

Lektorat: Alfred Hanisch, Bonn; Annelie Möskes, Bornheim

Buchsatz: Guido Lokietek, Aachen; Horst Hanisch, Bonn

Umschlag: Christian Spatz, engine-productions, Köln; Horst Hanisch, Bonn

Zeichnungen: Horst Hanisch, Bonn

Herstellung und Verlag: BOD – Books on Demand GmbH, Norderstedt

ISBN: 978-3-7448-3954-9

Das kleine Handbuch der Rhetorik 2100

Nervosität austricksen

Mir zittern die Knie

Inhaltsverzeichnis

Einleitung

„Mir zittern die Knie"

Verflixtes Lampenfieber! Wieso sind Sie immer so nervös? Die Handflächen werden feucht, das Herz pocht schneller als üblich und Sie überkommt ein flaues Gefühl in der Magengegend. Wie kann das sein?

Sie sind doch bestens vorbereitet und treten auch nicht zum ersten Mal vor Publikum auf. Sie merken, wie Ihre Hände anfangen zu zittern, der kalte Schweiß auf der Stirn steht und der Mund ganz trocken wird. „Nein! Nicht mit mir", denken Sie. „Ich werde gezielt mit auftretendem Lampenfieber umgehen und meine Nervosität besiegen." Richtig so! Schließlich sollen und wollen Sie ja nicht im Blackout landen.

Sie sollen und wollen souverän, überzeugend und authentisch das vortragen, was Sie zu sagen beabsichtigen. Mit etwas Anti-Stress-Training bilden Sie die besten Voraussetzungen, Ihre Reden und Präsentationen möglichst stressfrei und souverän vortragen zu können.

Mit einigen Tricks schaffen Sie es, gleich zu Beginn die Aufmerksamkeit der Zuhörer von sich selbst abzulenken, sodass Sie in den ersten wichtigen Momenten der Präsentation Ihr Lampenfieber abbauen können.

Nur Mut! Wird schon klappen! Überwinden Sie das Lampenfieber!

Praxisnah, zeitgemäß und kompakt. Das sind drei interne Vorgaben für unsere Rhetorik-Ratgeber. In unserer Reihe der kleinen Rhetorik-Handbücher wird jeweils ein wesentlicher Teil aus dem umfangreichen Bereich der Rhetorik kompakt vorgestellt. Die Themenbereiche sind beispielsweise den Büchern ‚Das große Buch der Rhetorik [2100]' oder ‚Trickreiche Rhetorik [2100]' vom selben Autor entnommen. Die Zahl 2100 steht dabei für das 21. Jahrhundert, was die Aktualität der Themen unterstreicht. Diese entsprechen den heutigen Anforderungen im beruflichen Umgang miteinander.

Im vorliegenden Ratgeber „Rhetorik – Nervosität austricksen" wird schwerpunktmäßig auf folgende Themen eingegangen:

- Lampenfieber und Nervosität vor der Präsentation
- Umgang mit Stress und Aufbau innerer Ruhe
- Tricks in Präsentationen, die Nervosität unsichtbar machen

Viel Erfolg bei der Vertiefung bestehenden Wissens und erfolgreichen Einsatz im Berufsleben.

Teil 1 – Lampenfieber und Nervosität vor der Präsentation

„Immer cool bleiben!" – Geht das?

Schweißperlen auf der Stirn

Immer wieder treibt es Menschen regelrecht die Schweiß-perlen auf die Stirn, wenn sie nur daran denken, einen Vor-trag, eine Rede oder eine Präsentation halten zu müssen.

Die Vorstellung daran reicht aus, den Mund austrocknen und das Herz schneller schlagen zu lassen. Kann es sein, dass sogar die Hände anfangen zu zittern? Die Halsschlagader pocht so heftig, als ginge es um das Überleben.

Warum ist das so? Weshalb löst allein schon der Gedanke an einen zu haltenden Vortrag diese Angst- und Unsicherheits-gefühle aus?

Sachlich analysiert lässt sich sagen, dass die meisten Men-schen problemlos sprechen können. Tag für Tag stellen sie das in vielen verschiedenen Situationen unter Beweis. Beim Einkauf, beim Arzt, beim Amt, bei Gesprächen mit Familien-angehörigen, Freunden und Bekannten, im Geschäfts- und im Privatleben gleichermaßen. Daran kann es nicht liegen.

In unseren Überlegungen und im Weiteren in diesem Ratge-ber soll unterstellt werden, dass das Fachliche bekannt ist. Der Redner weiß, was er sagen will und ist ausreichend mit dem sachlichen Inhalt vertraut.

So bleibt also nur das Menschliche, sagen wir, die emotio-nale Seite, die Lampenfieber, Nervosität oder sogar Angst aufbaut, zu oder vor Publikum zu reden.

Gleich ein kleines Trostpflaster vorweg: Sollten Sie von übermäßiger Nervosität beziehungsweise von Lampenfieber betroffen sein, dann sind Sie nicht allein mit Ihren Gefühlen. Viele Menschen leiden regelrecht unter diesen Empfindun-gen. Bei manchen wird es sichtbar oder hörbar, bei anderen orientiert sich der Stress nach innen, um dort dem Körper zu schaden.

Egal zu welcher Gruppe Menschen Sie gehören: In den meis-ten Fällen lässt sich Lampenfieber in den Griff bekommen und mit etwas Training die Nervosität überwinden. Die fol-genden Seiten zeigen, wie Stress entsteht, wie damit umge-gangen beziehungsweise wie er vermieden werden kann.

Weshalb der Stress entsteht

Unwohlsein vor dem Auftritt

Liebe Leserin, lieber Leser, ist Ihnen auch schon einmal passiert, dass Sie vor einem wichtigen Gespräch mit einem Kunden, Mitarbeiter, Vorgesetzten, Amtsinhaber, Partner oder anderen ein sehr flaues, Unwohlsein auslösendes Gefühl im Bauch hatten?

Obwohl Sie sicher waren, dass zum einen das Gespräch richtig und wichtig war, zum anderen Sie wussten, sich sehr gut vorbereitet zu haben?

Weshalb entstand diese Nervosität, die es Ihnen schwer machte, die Nacht vor dem Gespräch ruhig und erholsam schlafen zu können?

Vielleicht ärgerten Sie sich sogar über den spürbaren Stress, wäre er Ihrer Meinung nach doch gar nicht notwendig.

Oder lag es möglicherweise an der unterschwellig schlummernden Angst, dem Gespräch nicht gewachsen zu sein? Oder nagte eher die Furcht, Fehler zu begehen? Befürchteten Sie, einen wichtigen Punkt zu vergessen?

Die beschriebenen Gefühle sind eins zu eins übertragbar auf zu haltende Reden, Vorträge, Präsentationen. Um diese geht es schwerpunktmäßig in diesem Ratgeber.

Erst einmal eine Information als Beruhigung vorneweg: Sie sind nicht allein mit Ihren Gefühlen.

Es gibt hunderte, sicherlich tausende Menschen in unserer Kultur, die täglich unter derselben Herausforderung leiden.

Also – lassen Sie uns diese Herausforderung angehen!

Nervosität und Lampenfieber

Was bedeutet denn nun Lampenfieber? Es gibt mindestens zwei Erklärungen zur Entstehung dieses Wortes. Beide kommen aus dem Bereich der Schauspielerei. Die erste Erklärung lautet wie folgt: Betritt ein Schauspieler die Bühne, die Rampe, hat er seinen Text auswendig gelernt. Eine gute Konzentration, um diesen mit seinem schauspielerischen Talent umsetzen zu können, ist gefragt. Diese Anstrengungen produzieren schon einmal einen heißen Kopf, sozusagen das Fieber. Und schon hat unser Schauspieler Fieber auf der Rampe: Rampenfieber, was ähnlich lautet wie Lampenfieber. Das war die erste Erklärung.

Die zweite Erklärung: In früheren Zeiten wurde die Bühne mit Gaslampen beleuchtet. Das Abbrennen des Gases erzeugt nicht nur Licht, sondern auch Wärme. Je nachdem, wie gut die Bühne ausgeleuchtet wurde, wurde es recht warm. Der Schauspieler, der sich nun in seinem Kostüm in seiner Rolle bewegt, begann zu schwitzen. Er bekam einen heißen Kopf, bildhaft gesehen Fieber.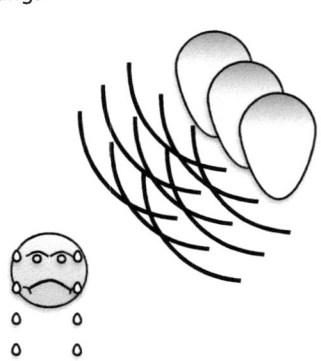
Und schon sind wir bei dem Wort Lampenfieber.

Die Nervosität als Kurve

Die unterschwellige Nervosität ist vorhanden und schwillt bei einer (rhetorischen) Herausforderung deutlich an. Gegebenenfalls hält sie solange an, wie die Aktion läuft, um sich danach wieder zu mäßigen.

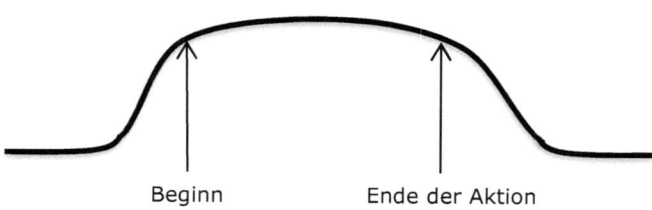

Beginn   Ende der Aktion

Das Lampenfieber als Kurve

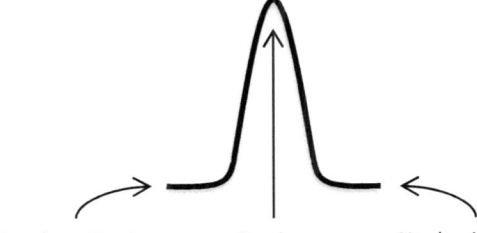

Vor dem Beginn   Beginn   Nach einigen Minuten

Das Lampenfieber baut sich vor einem (rhetorischen) Auftritt extrem auf. Kurz nach Beginn der Aktion baut es genauso schnell wieder ab.

Nervosität versus Lampenfieber

Heute wird Lampenfieber mit dem Wort Nervosität fast gleichgesetzt. Nervosität bedeutet ungefähr das Gegenteil von Ruhe oder Ausgeglichenheit. Geht die innere Ruhe verloren, verändert sich die Gemütsverfassung. Der Mensch wird nervös. Die Nervosität, die sich schon mehrere Tage vor einem Auftritt, einer Prüfung oder einem Vorstellungsgespräch aufbaute, ebbt nach dem Ende der Aktion wieder ab.

Obwohl wir hier im Text die Begriffe Lampenfieber und Nervosität fast gleichsetzen können, lässt sich doch ein gewisser Unterschied erkennen. Nervosität ist dauerhafter als Lampenfieber. Ein Mensch kann unter einer eingeschränkten Gelassenheit leben, die eine ständige innere Unruhe bewirkt. Hier lässt sich gut das Wort Nervosität verwenden. Im Gegensatz hierzu ist das Lampenfieber zeitlich kürzer zu sehen. Es baut sich direkt vor einer Aktion auf und ebbt nach Beginn der Aktion relativ schnell wieder ab. Danach befindet sich der betreffende Mensch wieder in einer ruhigen, ausgeglichenen Phase.

Später werden Sie lesen, wie Stress abgebaut werden kann. Sie werden Techniken kennenlernen, die Nervosität auf Dauer vermeiden oder auf ein Minimum reduzieren sollen. Und Sie werden Techniken erfahren, die kurzfristig helfen, Lampenfieber zu überwinden.

Egal ob Lampenfieber oder Nervosität: Sie wollen beides vermeiden. Also gehen wir es an.

Stress

Widmen wir uns zuerst dem Begriff Stress.

Hans Selye (österr. Mediziner, 1907 – 1982) ist sozusagen der ‚Erfinder' des Wortes Stress. Er betrachtete ihn allerdings aus medizinischer Sicht.

Medizinisch bedeutet in diesem Zusammenhang die Annahme, dass ein Defizit vorliegt, das durch medizinisches Eingreifen ausgeglichen werden kann.

Heute wird das Wort Stress etwas häufiger benutzt im Sinne von „Ich fühle mich überfordert." Aus dieser Sicht betrachtet, lässt sich der Stress relativ rational/logisch bearbeiten und in den Griff bekommen.

Stress kann tatsächlich ein Krankheitsbild auslösen. Für den Laien ist es fast unmöglich zu unterscheiden, ob es sich ‚nur' um eine Überforderung handelt, oder ob es sich ‚schon' um eine Situation handelt, die medizinisch behandelt werden muss.

Was bedeutet Stress?

Gibt es guten und schlechten Stress? Ja, das ist so.

Generell kann Stress in zwei wesentliche Richtungen unterschieden werden. Nämlich in Eustress und Disstress.

Der positive Stress

Eustress

… ist der positiv, emotional getönte Stress, wie zum Beispiel bei freudigen Erwartungen. So erzeugt die bevorstehende Hochzeitszeremonie, die Geburt eines Kindes, die Überreichung eines Diploms, Stress. Er ist positiv für uns.

Freut sich jemand darauf, eine schöne Rede halten zu dürfen, kann Eustress entstehen.

Der negative Stress

Disstress

... ist der mit negativen Ge-
fühlen wahrgenommene
Stress, zum Beispiel in
Konfliktsituationen, bei
Streit, unter Zeitdruck
usw.

Hat jemand Furcht vor einem Auftritt, entsteht Disstress.

Interessanterweise lösen beide Stressarten im Menschen
gleiche körperliche Reaktionen aus. Obwohl die körperlichen
Reaktionen gleich sind, gibt es in der weiteren Vorgehensweise Unterschiede.

Im ersten Fall stellt sich der Mensch der Herausforderung,
er ‚kämpft‘.

Im zweiten Falle versucht er die Herausforderung zu vermeiden. Er ‚flieht‘. Im ersten Fall schafft er die Herausforderung,
es geht ihm anschließend besser.

Möglicherweise spornt der Eustress sogar an und motiviert.

Im zweiten Fall wird eher ein Scheitern empfunden. Das
Selbstwertgefühl leidet und sinkt ab. Der Mensch wird de-
motiviert.

Sich der Gefahr stellen – oder fliehen?

Kampf

Es kommt also entweder zum Kampf oder zur Flucht. Das Wort Kampf hört sich etwas brutal an. Gemeint ist, dass sich der Betreffende der Situation stellt. Statt ‚Probleme' sieht er Herausforderungen und meistert diese. Durch die Bewältigung der Herausforderungen merkt er, dass er immer mehr leisten kann; es geht ihm immer besser. Das Selbstwertgefühl wird aufgebaut.

Je häufiger das Selbstwertgefühl sich Herausforderungen stellt, desto stärker entwickelt sich sein Ego.

In Folge werden Präsentationen immer besser. Wählen Sie diese Alternative, werden Sie merken, dass Sie sich auch brenzligen Aktionen stellen. Sie sind auf dem richtigen Weg.

Flucht

Meidet der Betreffende die stressauslösende Situation, ‚flieht' er. Er stellt sich bestimmten Aufgaben, Prüfungen usw. nicht mehr. Sein Gehirn merkt, dass durch das Vermeiden von Stresssituationen, die Konfrontation umgangen werden kann.

Er wird sich eine Scheinwelt aufbauen, in der er scheinbar problemlos leben kann.

Diese Scheinwelt bringt ihn schleichend aus dem realen Leben, in dem er nicht mehr frei leben kann. Das Selbstwertgefühl wird auf Dauer abgebaut.

Das Risiko, sollten Sie zu dieser Gruppe zählen, ist, dass Sie Situationen meiden, in denen Sie reden sollen oder müssen.

Schockstarre

Schließlich gibt es noch eine dritte Variante, die wir nicht außer Acht lassen wollen:

Die Schockstarre, die auch als Angststarre bezeichnet wird. Der Betreffende ist so stark von der Stress-situation überwältigt, dass alle üblichen rationalen oder instinktmäßig gesteuerten Verhaltensmuster ausfallen.

Die Biologie schützt den Körper davor, einen Fehler zu machen. Die Muskeln versteifen sich, der Herzschlag wird ruhiger, der Körper kann nicht mehr bewusst gesteuert werden.

Vielleicht schafft er es durch diese Starre, die Herausforderung beziehungsweise die Gefahr überhaupt nicht zu realisieren.

Das würde ihm helfen, zu überleben.

Sollte der tatsächlich ausgesprochen seltene Fall solch einer Schockstarre zu Beginn einer Präsentation stattfinden, kann die Präsentation anschließend nicht von dem Betroffenen durchgeführt werden.

Zeitdruck, Flexibilität und Schnelligkeit

Überraschend viele Menschen klagen über Zeitdruck und den dadurch entstehenden Stress. Wir leben in einer Zeit, in der offensichtlich alles schnell, noch schneller gehen muss, damit wir erfolgreich sein können. Brauchte es vor siebzig Jahren noch einige Tage, bis wir Informationen von der anderen Seite der Erdkugel erhielten, ist dies heute innerhalb weniger Sekunden, ja Bruchteilen von Sekunden möglich.

Rasend schneller Informationsaustausch findet statt

Somit scheinen Menschen in der heutigen Zeit Zugriff auf viel mehr Informationen zu haben als deren Vorfahren. Allerdings: Auch die Zeit, die zur Reaktion zur Verfügung steht, schrumpft immer mehr. „Today in – today out" lautet die Devise vieler Unternehmen. „Just in time" ist ein weiteres Merkmal dieser auf die Sekunde abgestimmten Zeit.

Ständiger Zeitdruck besteht

Es scheint demnach kein Wunder zu sein, dass bei vielen Berufstätigen der Zeitdruck ganz oben in der Stressliste steht. Zeit spielt eine ganz andere Rolle im heutigen Leben, als das noch vor Jahren der Fall war. So erwartet der Anfragende in kürzester Zeit eine Rückmeldung. Erfolgt diese Rückmeldung nicht, wird er ungeduldig oder schaut sich nach einer Alternative um.

Beim Angefragten ergibt sich eine verpasste Chance; das möglicherweise sich anbahnende Geschäft macht ein anderer. Umsatzverlust ist programmiert; Angst, wie eingangs beschrieben, entsteht.

Sofortige Reaktion wird erwartet

Damit schnell reagiert werden kann, muss auch eine ständige Bereitschaft vorhanden sein, reagieren zu können. Andauernd werden die sms und die eingegangenen Mails gecheckt, um ja nichts zu verpassen. Und dann muss sofort reagiert werden.

Zu der möglichen inhaltlichen Qualität der Rückmeldungen wird hier nichts gesagt. Denn: Verständlich, dass durch eine schnelle Reaktion die Zeit des Überdenkens eingeschränkt ist. Der weitere klärende Austausch mit einer anderen Person ist oft nicht mehr möglich.

Die Fehlerwahrscheinlichkeit steigt

Die Fehlerhäufigkeit steigt. Fehler produzieren ihrerseits wieder Aufwand und damit Stress.

So erscheint es denkbar, dass sich hier eine Stressspirale nach oben aufbaut. Abgesehen davon wird unter Umständen Unüberlegtes gesagt (geschrieben), was später bereut wird. Unsere Vorfahren empfahlen, „erst mal eine Nacht darüber zu schlafen".

Gar nicht so falsch, diese Empfehlung.

Die Vorbereitungszeit wird kürzer

Auch die Vorbereitungszeit für Reden wird immer kürzer.

Aufgrund immer schnelleren Zugriffs auf Informationen, unerwarteter politischer und gesellschaftlicher Veränderungen und die Erwartungshaltung vom Zuhörer beziehungsweise dem Publikum und dem Gesprächspartner, werden sofortige, handfeste und glaubhafte Statements erwartet.

Kein Wunder, dass das Gefühl der steigenden Stress-Anfälligkeit zunimmt.

Betrachten wir in Folge, welche Stressauslöser zu finden sind.

Stressoren – Stressauslöser

Wer oder was löst Stress aus?

Es lässt sich erkennen, dass Stress durch viele Situationen ausgelöst werden kann.

Stress entsteht zum Beispiel durch:

Zeitdruck	Eingeschränktes, eigenes Handeln
Hohe Verantwortung	Zwang zu schnellen Entscheidungen
Egoismus im Straßenverkehr	Schlechtes Betriebsklima
Lärm	Angst
Mobbing	Gesteigerte Erwartungshaltung
Überangebot an Informationen	Blackout bei Vorträgen
Konkurrenzdruck	Ehrgeiz
Kontrollverlust	und vieles andere mehr

Die Stressauslöser sind verantwortlich dafür, dass Stress empfunden wird.

Die verschiedenen Auslöser

Hier werden 9 Bereiche aufgelistet. Die 9 Bereiche lassen sich in 3 Gruppen einteilen.

Sie sehen dann die Auslöser der Stressoren und die möglichen Gründe für diese Auslöser.

Auslöser: Leistungs-Stressoren	
1.	Zeit
2.	Selbstbewusstsein
3.	Versagen
Mögliche Ursachen: Schwächelndes Selbstbewusstsein oder Angst vor Versagen.	

Auslöser: Soziale Stressoren	
4.	Streit
5.	Kritik
6.	Bedrängnis
Mögliche Ursachen: Konflikte mit anderen oder schwaches Vertrauen in andere.	

Auslöser: Physikalische Stressoren	
7.	Lärm
8.	Behinderung
9.	Umwelt
Mögliche Ursachen: Schlechtes räumliches Arbeitsumfeld oder Belastungen durch die Umwelt.	

Je nachdem, in welcher der drei Gruppen Sie am ehesten Stress empfinden, wissen Sie nun, wo Sie am besten an sich und Ihrem Verhalten arbeiten können.

Im zweiten Teil des Ratgebers wird gezeigt, wie Sie die Stressoren minimieren können.

Nervös vor dem Auftritt?

Es ist also menschlich und demnach auch üblich, dass Sie vor Ihrer Aktion Lampenfieber bekommen.

Das ist weiter nicht schlimm, zeigt es doch, dass Sie dem Kommenden große Beachtung schenken. Lampenfieber zeigt die innere Anspannung, zeigt aber auch die auftretende Nervosität.

Sollte das Lampenfieber allerdings in zu große Nervosität übergehen, kann es sein, dass Ihre Ausführung darunter leidet.

Deshalb ist es sinnvoll, die Nervosität so gering wie nötig zu halten.

Natürlich gibt es mehrere Möglichkeiten, dieser Nervosität zu begegnen. Bereiten Sie sich ‚mental' vor.

Die acht kognitiven Fallen – Selbst-Beeinflussung

Immer wieder wird beobachtet, dass sich der Redner vor seinem Auftritt regelrecht selbst verrückt macht. Bedauerlicherweise gelingt ihm die Rede doch nicht so gut wird, wie er sich vorgestellt hat.

Das eigene Selbstbewusstsein spielt hier offensichtlich eine bedeutende Rolle. Inwieweit beeinflussen Sie sich selbst durch Ihre eigene Einstellung zur geplanten Aktion?

Im Folgenden sind acht kognitive Fallen (kognitiv = die Erkenntnis betreffend) aufgelistet, in die Sie leicht tappen können. Umgehen Sie diese Fallen, wird viel Nervosität gar nicht erst aufkommen.

1. Falle: Die Schwarz/Weiß-Falle

Es handelt sich um ein ‚alles oder nichts' Denken. Das bedeutet, es gibt nur Schwarz oder Weiß, nur klein oder groß, nur richtig oder falsch. Dabei gibt es genügend ‚Grautöne'.

„Entweder ich bekomme das nun, oder …"

2. Falle: Die Verallgemeinerungs-Falle

In die zweite Falle tappen Sie, wenn Sie Wörter wie ‚immer', ‚nie', ‚alle' und ähnliche verwenden.

„Jeder hat Lampenfieber."

3. Falle: Die Abwertungs-Falle

Das sind Aussagen, die Ihre eigene Leistung abwerten.

„Das war ja nichts Besonders, was ich getan habe."

„Das sind ja nur …"

4. Falle: Die Verlierer-Falle

Eine Person, die sich als Verlierer, als Loser, als Absteiger usw. bezeichnet, bewegt sich in dieser Falle.

„Ich bin nur eine Hausfrau."

5. Falle: Die Filter-Falle

Durch die Filter-Falle hört der Mensch immer nur das Schlechte, immer nur das Negative, immer hängt er sich an Problemen auf und beißt sich an Schwierigkeiten fest.

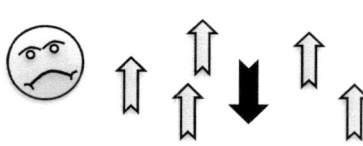

„Ist schon wieder ein Flugzeug abgestürzt."

6. Falle: Die Muss-Falle

Durch Aussagen wie: ‚Du musst dies oder das tun', stellt sich der Mensch unter Zwang.

„Ich muss morgen einen Vortrag halten."

Das Wort ‚muss' in der Aussage lässt einen gewissen Druck erkennen.

„Du musst dein Zimmer aufräumen."

„Du musst die Rede halten."

„Du musst den Steuerbescheid bearbeiten."

7. Falle: Die Ich-hab's-ja-vorher-gewusst-Falle

Nachher wissen wir alles besser. Die Falle der ‚sich selbst erfüllenden Prophezeiung'.

„Das hätte ich dir vorher sagen können."

8. Falle: Die Nachbar-Falle

Die Falle des schlechten Gewissens.

„Was soll denn der Nachbar denken?"

Dass dieses negative Denken das Selbstbewusstsein beeinflusst – und zwar in eine Richtung, in der es Ihnen nicht angenehm sein kann, scheint klar zu sein.

Gleich zu Beginn des nächsten Teils werden wir sehen, wie aus diesen Fallen positive Lösungswege gefunden werden können.

Die Stressauslöser bei Vorträgen

Der Stress, der sich bei geplanten Auftritten und Gesprächen einstellt, hat häufig die Stressoren 2, 3 und 5 aus der Auflistung von oben.

2.	Die Befürchtung, manchmal einer Situation nicht gewachsen zu sein (Vortrag, Projekt vorstellen o. ä.)
3.	Angst vor Versagen (Klausuren schreiben, Fahrprüfung bestehen o. ä.)
5.	Ungerechtfertigte Kritik (am Verhalten, am Aussehen, an der Person o. ä.)

So reagiert der Körper bei Lampenfieber

Wir haben es unseren Vor-Vorfahren zu verdanken, dass selbst nach vielen Jahrtausenden der Körper des Menschen in gleicher Art reagiert.

Die Reaktionen stellten (und stellen) sicher, dass der Mensch in der stresserzeugenden Situation entweder kämpfen oder fliehen kann. Deshalb geschieht im Körper Folgendes:

Adrenalin wird verstärkt ausgeschüttet.
Die Herzschlagfrequenz steigt.
Der Blutdruck steigt.
Der Blutkreislauf wird beschleunigt.
Die Blutgefäße verengen sich.

Blut wird aus der Haut in andere Organe geleitet, die Person wird blass.

Blut gelangt schneller ins Gehirn, um schneller denken zu können.

Die Grundspannung in den Muskeln wird erhöht, deshalb entsteht unkontrolliertes Zittern.

Die Atemfrequenz steigt.

Die Speichelproduktion wird reduziert.

Der Mund wird trocken.

Die Verdauung wird gehemmt.

Der Darm und die Harnblase steigern Drang zur Entleerung im Vorfeld, dann aber in tatsächlicher Stress-Situation nicht mehr. Dafür wäre jetzt keine Zeit mehr.

Schweiß (Angstschweiß) wird zur besseren Abkühlung produziert, (früher während der Flucht vor der Gefahr, um eine Überhitzung des Körpers zu vermeiden).

Das Schmerzempfinden wird reduziert. So soll auch bei Verletzungen der Körper weiterhin optimal arbeiten können.

Sex-Schwäche tritt ein. In diesen Situationen haben sexuelle Abenteuer keine Priorität.

Blackouts

Wir wollen kurz auf ein Symptom hinweisen, vor dem viele in Präsentationen richtig Angst haben: nämlich die Furcht vor einem Blackout. Wie entsteht dieser?

Kein Zugreifen mehr auf Gelerntes

Den kompletten Informationsfluss im menschlichen Gehirn regeln die Synapsen. Deren Funktion wird bei akutem Stress gestört. Mit dem Anstieg des Stresshormons Adrenalin werden die Synapsen gehemmt, Impulse weiterzuleiten.

Der Präsentierende gerät in Panik und es entsteht ein Blackout.

Also ein vorübergehendes Nicht-mehr-Zugreifen-Können auf Gespeichertes. Wie ein Filmriss, weshalb ein Blackout auch manchmal so bezeichnet wird. Die Person hat keinen Zugriff mehr auf die gespeicherten Informationen.

Erst bei nachlassendem Stress arbeiten die Synapsen wieder wie gewohnt und die Informationen sind wieder abrufbar.

Peinlich bloßgestellt

Viele Menschen berichten, dass sie – zum Beispiel in der Schule oder an der Universität – an die Tafel gerufen, plötzlich das zuvor Gelernte nicht mehr wiedergeben können. Gekicher aus den Zuhörerreihen trägt keineswegs dazu bei, die stressige Situation zu entspannen. Peinlich. Noch peinlicher, wenn vorher gelernt wurde und nun jeder Anwesende – besonders auch der Prüfer – annehmen kann, einen Nichtstuer bloßgestellt zu haben.

Das ist natürlich eine unbefriedigende Situation, zum Beispiel in Prüfungssituationen oder bei Präsentationen. Was nützt das komplett gespeicherte Wissen, wenn im Moment des Abrufens beziehungsweise der Abfrage kein Zugriff auf das Wissen erfolgen kann?

Wir wollen uns gar nicht vorstellen müssen, wie peinlich es sein kann, wenn Sie vor Zuhörern stehen, plötzlich einen Blackout erleiden und absolut nicht mehr wissen, was Sie sagen wollen.

Das Ergebnis spiegelt sich dann in einer schlechten Wertung wider.

Einstellung ändern

Kommt es immer mal wieder zu einem Blackout, ist das ein deutlicher Hinweis dafür, dass die betroffene Person an ihrem Verhalten arbeiten muss, da sich ja sonst auf Dauer in ihrem Leben eher Misserfolge einstellen werden.

Einerseits wollen wir nicht hoffen, dass Sie jemals bei Ihren Reden einen Blackout erleiden.

Andererseits liegt es an Ihnen, sich so zu trainieren, einen Blackout zu vermeiden.

Lampenfieber gehört dazu

Spätestens am Ende dieses Teils sollte klar sein, weshalb es im menschlichen Leben Stress gibt, der Lampenfieber und Nervosität vor und während Präsentationen entstehen lässt.

Da Sie, liebe Leserin und lieber Leser, keine Roboter sind, besteht die Wahrscheinlichkeit, dass Sie ebenso – zumindest hin und wieder – betroffen sind.

Da der Stress nicht wegzudiskutieren ist, sollte er im ersten Schritt akzeptiert werden. Wer den ‚Feind' kennt, kann mit ihm umgehen.

Das ist der inhaltliche Gegenstand des zweiten Teils.

Teil 2 – Umgang mit Stress und Aufbau innerer Ruhe

Lösungswege finden

Sich der Herausforderung stellen

Die Herausforderung, die die Nervosität erzeugt, ist erkannt. Nun muss gesehen werden, wie mit ihr am besten erfolgreich umgegangen wird.

Dabei soll das Ziel sein, das Lampenfieber und die Nervosität gut in den Griff zu bekommen, um möglichst stressfrei arbeiten zu können.

Lassen Sie uns zunächst einen Blick auf die oben erwähnten kognitiven Fallen werfen, die das selbstbewusste Auftreten negativ beeinflussen können.

Jetzt drehen wir den Spieß, um aus den Fallen die hier folgenden Lösungswege abzuleiten.

Aus den negativen Fallen werden positive Lösungswege

Natürlich ist es grundsätzlich in Ordnung, Fragen, die in den Fallen aufgezeigt wurden zu beantworten.

Nur aufpassen, dass Sie sich nicht allzu sehr in dieses Gedankengut vertiefen. Auf Dauer lenkte Sie das nicht nur ab – es brächte Sie auch in depressiv angehauchtes Grübeln.

Hierzu folgender Tipp: Nehmen Sie Abstand davon, negativ zu denken.

Wandeln Sie die oben aufgeführten Fallen in positive Aussagen, in Lösungen um. Schon ist die Hälfte der Stressbewältigung erreicht.

Betrachten Sie die Münze – die bekannterweise zwei Seiten hat – von der anderen Seite. Sorgen Sie dafür, positiv zu denken und wahrzunehmen.

Können Sie diese Vorgehensweise verinnerlichen, werden Sie merken, dass Ihnen Ihre Aktionen viel leichter und stressfreier gelingen. Gleichzeitig stellt sich ein besseres Ergebnis dar. Sie werden zufriedener sein als sonst.

So haben Sie es geschafft, sich selbst positiv zu stimulieren und zu manipulieren.

Aus Fallen werden Lösungswege

1. Lösungsweg: Die Graustufen-Lösung

„Es gibt dies, das und jenes"

Halten Sie nach Alternativen und ‚Grautönen' Ausschau. Die Welt besteht aus mehr Grautönen als nur aus den beiden Alternativen Schwarz oder Weiß.

Das ist genau das, was das Leben ausmacht und Abwechslung ins Leben bringt. Gerade die vielen Grautöne sorgen dafür, dass es so viele wunderbare und unterschiedliche Möglichkeiten gibt.

2. Lösungsweg: Die Individualitäts-Lösung

„Mir hilft Lampenfieber, um mich zu konzentrieren."

Abgesehen davon, dass Verallgemeinerungen in der Regel nicht stimmen, machen Sie sich durch solch eine Art der Aussage angreifbar.

Schränken Sie die Verallgemeinerung ein. Zum Beispiel: „Fast jeder hat vor einem Auftritt Lampenfieber."

Durch die Verallgemeinerung machen Sie sich zum Sprecher für etwa 7 Milliarden Menschen auf dieser Welt. Sehr unwahrscheinlich, dass wirklich und tatsächlich alle 7 Milliarden gleich empfinden, oder?

Durch die Einschränkung setzen Sie nicht mehr alle Menschen gleich.

Suchen Sie den individuellen Weg.

3. Lösungsweg: Die Aufwertungs-Lösung

„Das war toll."

Wertschätzen Sie das, was Sie geleistet haben. Mehr oder weniger alles, was Sie leisten, kann als positiv bewertet werden.

Damit vermeiden Sie eine Abwertung der eigenen Leistungen und Sie betrachten Ihre Ergebnisse positiv.

Etwas übertrieben ausgedrückt: Seien Sie stolz auf Geleistetes.

Das baut auf, motiviert und erzielt zukünftige Erfolge.

4. Lösungsweg: Die Gewinner-Lösung

„Ich bin eine Hausfrau!"

Vermeiden Sie das Wort ‚nur'. Dieses ‚nur' wertet Ihre Aussage deutlich ab.

Sagen Sie „Ich bin eine Hausfrau." Diese Aussage hört sich bei weitem nicht als Verlierer-Aussage an.

Wenn Sie Ihre Aussage positiv betonen, wird sie gegebenenfalls sogar zur Gewinner-Aussage. „Ich bin eine Hausfrau!"

Überlegen Sie, was die Hausfrau alles bewältigt: einkaufen, kochen, servieren, abwaschen, staubsaugen, Fenster putzen, dekorieren usw. usw.

Damit bekommt die Tätigkeit einer Hausfrau ein ganz anderes Gewicht.

Seien Sie stolz darauf, wer oder was Sie sind. Fühlen Sie sich als Gewinner, dann sind Sie auch ein solcher.

5. Lösungsweg: Die Weitsicht-Lösung

„Die meisten Flug-
gäste landen
glücklich."

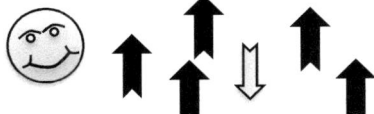

Drehen Sie die Betrachtungsweise um. Wie viele Flug-
zeuge haben wohlbehalten ihr Ziel erreicht? Das sind je-
denfalls deutlich mehr als jene, die es nicht schafften.

Durch das andauernde Hören oder Sehen schlechter
Nachrichten, muss der Mensch ja zwangsläufig in eine
traurige, depressive Stimmung geraten.

Das ist nicht gut.

Genießen Sie das Schöne im Leben. Drehen Sie die Falle
um!

6. Lösungsweg: Die Darf-Lösung

„Ich darf morgen einen Vortrag halten."

Betrachten Sie es anders. Überspitzen Sie es etwas!

„Ich darf mein Zimmer aufräumen (immerhin habe ich ein
eigenes Zimmer, andere haben keins)."

„Ich darf eine Rede halten (ist doch schön, dass jemand
meinen Worten lauschen will)."

„Ich darf den Steuerbescheid bearbeiten (der zeigt ja
schließlich, dass ich Einnahmen zu verzeichnen habe)."

Nur durch das Austauschen eines Wortes – ‚müssen' gegen ‚dürfen' – entsteht eine ganz andere Betrachtungsweise.

7. Lösungsweg: Die Ich-bin-gespannt-Lösung

„Ich freue mich auf Neues."

Wenn Sie hellseherische Kräfte haben, dann sagen Sie es vorher. Dann kann gegebenenfalls noch anders vorgegangen werden.

Wenn Sie vorab den Ausgang der Aktion nicht wissen können, stimmt Ihre Aussage des Vorwissens auch nicht.

Eine Überlegung mit Augenzwinkern: Falls Sie tatsächlich immer schon vorher alles wissen, könnten Sie viel Geld als Wahrsager/in erwirtschaften.

8. Lösungsweg: Die Ego-Lösung

„Ich bin überzeugt."

Kann Ihnen doch weitestgehend egal sein, was Ihr Nachbar von Ihrem Vorgehen denkt.

Solange Sie ihn nicht belästigen, könnten Sie das tun, was Sie für richtig empfinden.

Wer sich nichts vorzuwerfen hat, muss sich nicht verstecken.

Wer mit Ihrer Lebensweise oder Ihrer Vorgehensweise nicht einverstanden ist, wird sich schon bemerkbar machen. Und dann (erst dann) können Sie reagieren.

Es ist klar, dass mit solch einer Denkweise nicht der Ellbogen-Egoismus gemeint ist, sondern eher die natürliche, authentische Autorität, die jeder Einzelne ausstrahlt.

Und ebenso klar ist, dass mit dieser Denkweise auch nicht bewusst Nachbarn verärgert oder gar geschädigt werden.

In einem zwischenmenschlichen Zusammenleben ist Rücksichtnahme aufeinander erforderlich. Aber nicht zu Lasten Einzelner, die sich dann verstecken müssen.

Was sagen Sie zu den Lösungsvorschlägen? Lässt sich damit arbeiten?

Machen Sie sich Gedanken, welcher oder welche der Lösungsvorschläge für Sie am leichtesten umsetzbar sind.

Nicht vergessen: es ist ja ‚nur' eine mentale Sache.

Wenn Sie es schaffen, können Sie viele Probleme – besser Herausforderungen – leichter bewältigen.

Sie kennen ja bestimmt den Spruch „Das Glas ist nicht halb leer, sondern halb voll."

Packen Sie es an! Sie können noch viel (mehr) erreichen.

Umgang mit den drei Gruppen der Stressoren

Wie die Stressauslöser minimiert werden können

Sie haben oben gelesen, welche drei Gruppen von Stressoren uns das Leben erschweren. Jetzt soll gezeigt werden, wie mit diesen so umgegangen werden kann, dass sie immer weniger das eigene Leben (negativ) beeinflussen.

Können Sie die Stressoren reduzieren, werden der Stress und damit die Nervosität nachlassen.

1. Gruppe: Weg mit den Leistungs-Stressoren

Wie lässt sich gegen Leistungs-Stressoren vorgehen?

Beteiligen Sie sich an folgender Übung:

Nehmen Sie eine Uhr mit Sekundenzeigern. Setzen Sie sich bequem hin. Wählen Sie eine Startzeit aus, um die Augen zu schließen. Versuchen Sie, nach einer geschätzten Minute nachzuschauen. Dabei nicht die Zeit ‚abzählen' oder auf das mögliche Ticken der Uhr achten.

Zeitdruck

Lagen Sie gut in der Zeit? Oder lief Ihnen die Zeit sozusagen davon? Oder hatten Sie deutlich vor dem Ablauf von 60 Sekunden vermutet, die Minute sei schon vorbei? Stellen Sie nach diesem Test folgende Überlegungen an:

1.	Was ist Zeit? (Nicht Zeiteinheiten, also keine Stunden Minuten, keine Lebenszeit)
2.	Wie viel Zeit steht Ihnen zur Verfügung?
3.	Wie nutzen Sie Ihre Zeit?

Sie werden merken, dass diese drei Fragen überhaupt nicht so einfach zu beantworten sind.

Ziel dieser Überlegungen soll sein, dass Sie sich bewusst darüber werden, Ihr Leben ruhiger und ausgeglichener leben zu können. Sie sollten erkennen, was Ihnen wichtig in Ihrem Leben ist. Sie erkennen, wie Sie Ihr Leben positiv gestalten können.

Selbstbewusstsein

Ein weiterer Bereich der Leistungs-Stressoren lässt sich im Umfeld des Selbstbewusstseins finden. Stellen Sie im Folgenden hierzu diese Überlegungen an:

1.	Wer bin ich? (Was macht mich aus? Welche Charaktereigenschaften sind typisch für mich? Was mögen meine Freunde an mir?)
2.	Was kann ich? (Neben den fachlichen Kenntnissen sind hier die menschlichen Eigenschaften besonders interessant. Welche sind meine Stärken, wo zeigen sich eher Schwächen? Wie kann ich meine Schwächen zu Stärken umwandeln?)
3.	Was will ich? (Was habe ich bis wann erreicht? Welche Ziele stelle ich mir in meinem Leben? Was will ich noch erleben?)

Je mehr Sie über Ihre eigene Person, über Ihre eigenen Stärken und Ziele nachdenken, desto eher lässt sich ein gesundes Selbstbewusstsein aufbauen.

2. Gruppe: Weg mit den Sozialen Stressoren

Glücklicherweise sind Sie nicht alleine auf der Welt. Die zwischenmenschliche Kommunikation scheint so selbstverständlich zu sein, dass darüber gar nicht nachgedacht werden müsste.

Wäre es so, käme es in diesem Bereich der Kommunikation zu keinen Problemen. Durch das Zusammensein mit anderen Menschen entstehen aber auch Beziehungsgeflechte, die Stress auslösen können.

Vortrag – Sprache und Körpersprache

Sich tatsächlich eindeutig zu verständigen ist oft gar nicht so einfach. Dabei muss bewusstwerden, dass laut Albert Mehrabian (*1939), einem US-amerikanischen Psychologen, die zwischenmenschliche Kommunikation auf drei Kanälen erfolgt:

1.	Verbale Kommunikation (gesprochene Wörter)
2.	Paraverbale Kommunikation (Stimme, Betonung, Lautstäke usw.)
3.	Nonverbale Kommunikation (zum Beispiel Körpersprache)

Und zu welchem Anteil? Die Prozentzahlen der drei Kommunikations-Kanäle geben an, wie stark diese bei einer üblichen zwischenmenschlichen Kommunikation genutzt werden:

7 %	verbal
38 %	paraverbal
55 %	nonverbal

Hätten Sie das gedacht? Also ist es wohl doch nicht so einfach, sich wirklich klar auszudrücken. Sozusagen mit Händen und Füßen zu sprechen.

Dazu zählt natürlich auch, delegieren zu können, das zu sagen, was Sie wirklich sagen wollen.

Und schließlich auch mal nein sagen zu können, wenn Sie es für richtig halten.

In der Gesprächsführung und in der Mitarbeit sind das wichtige rhetorische Fähigkeiten.

Positive Atmosphäre schaffen

Neben der Kommunikation tritt das Schaffen einer positiven Atmosphäre in den Vordergrund.

Dazu gehört, dass ‚Lächeln entwaffnet', vor allem dann, wenn es sich um ein ‚echtes Lächeln' handelt. Bauen Sie ein soziales Netzwerk auf, das Sie allerdings auch pflegen müssen.

Bauen Sie Vertrauen zu Ihrem sozialen Umfeld auf. Dann wird Ihnen Ihr Umfeld ebenso vertrauen.

Gesprächspartner, die Ihnen vertrauen, sind eher bereit, Ihre Ideen abzukaufen.

Ehrlichkeit und Win-Win-Strategie

Und schließlich: Seien Sie ehrlich zu sich und anderen, zumindest dort, wo es menschlich möglich ist. In diesem Zusammenhang sei auf das Win-Win-Modell aus der Transaktionsanalyse von Eric Berne (1910 – 1970, US-amer. Psychologe) hingewiesen.

Er ist der Meinung: Wenn Sie sich selbst als Gewinner betrachten und Sie Ihr Gegenüber ebenso sehen, lässt sich eine gewünschte Gewinn-Gewinn-Situation erstellen.

Dazu zählen gegenseitige Wertschätzung, positive und konstruktive Dialogform, Einfühlungsvermögen, emotionale Intelligenz und andere.

Bleiben Sie in Ihren Vorträgen ehrlich! Lügen treten irgendwann ans Sonnenlicht und schaden Ihrem Image.

3. Gruppe: Weg mit den physikalischen Stressoren

Schauen Sie, dass Ihr Arbeitsumfeld optimal ausgestattet ist. Achten Sie auf vernünftige Lichtquellen, auf Sitzmöbel, die ergonomisch die Körperhaltung stützen.

Achten Sie darauf, dass Arbeitsabläufe, räumlich betrachtet, sinnvoll angeordnet sind. Wo stehen die Ordner im Büro? Wie viele Schritte benötige ich in der Küche, um Arbeitsmaterial zur Essenszubereitung zusammenzustellen?

Legen Sie regelmäßig Pausen ein und vermeiden Sie, am Arbeitsplatz (zum Beispiel am Bürotisch) zu essen.

Verlassen Sie dazu den Arbeitsplatz.

Sobald die räumlichen Gegebenheiten stimmen, gönnen Sie sich bewusst hin und wieder Ruhe. Setzen Sie sich bequem und stellen sich eine angenehme Situation vor, wobei Sie alle fünf Sinne miteinbeziehen.

Das Gehirn schafft diese Aufgabe in der Regel mühelos und lässt Sie für eine kurze Zeit in eine andere Welt entschwinden.

Denken Sie zum Beispiel an Ihren letzten herrlichen Strand-Urlaub:

Braungebrannte Menschen – sehen	
Strand/Palmen/Wellen – hören	
Cocktails – riechen	
Kokosnuss – schmecken	
Sonne – tasten	

Abschließend hängen wir uns an den römischen Dichter Horaz (65 bis 8 v. Chr.).

Ihm wird der Spruch, heute oft als Zitat genannt, zugeschrieben: ‚Carpe diem'. Horaz meint damit, dass wir bewusst leben sollen; den Tag (bewusst) genießen sollen und heute leben.

Also denn: Carpe diem!

Den Stress bewältigen

Test zur Stress-Anfälligkeit

Schauen Sie anderen bei ihren Reden und Präsentationen zu, werden Sie immer wieder Menschen beobachten, die – zumindest dem Anschein nach – absolut ruhig, souverän und selbstbewusst ihren Vortrag halten. Das scheint beneidenswert zu sein.

Selbstverständlich ist bekannt, dass Menschen verschieden sind und deshalb auch in verschiedenen Situationen unterschiedlich reagieren. Der eine ist ‚cool' und lässt alles an sich abtropfen, der andere kann eher als Nervenbündel bezeichnet werden. Personen aus der zweiten Gruppe haben nachvollziehbarerweise eine größere Herausforderung, ihre Vorträge ruhig vermitteln zu können.

Wir haben bereits festgehalten, dass die Nervosität zum Präsentation-Alltag gehört. Nun wollen wir schauen, wie anfällig Sie sind, in Bezug auf Nervosität. Folgend ist eine Tabelle mit einigen Aussagen aufgelistet. Sie können jeweils das ‚Ja' oder das ‚Nein'-Feld ankreuzen, je nachdem wie stark die Aussage auf Sie zutrifft. Die Aussagen gelten selbstverständlich für Ihr übliches und durchschnittliches Verhaltensmuster.

Test: Stress-Anfälligkeit		
	Ja	Nein
Ich will alles richtig machen.		
Ich gönne mir wenige Ruhepausen.		
Ich trinke viel Kaffee, um durchzuhalten.		
Ich grüble lange über Fehler nach.		

Ich suche den Schuldigen, wenn etwas schlecht lief.		
Ich trinke relativ viel Alkohol.		
Ich nehme Aufputschmittel.		
Ich rauche viel zur Beruhigung.		
Ich reagiere häufig aggressiv im Straßenverkehr.		
Ich fahre leicht aus der Haut.		
Ich leide unter Schlafstörungen.		
Ich bemitleide mich bei Misserfolgen.		

Je mehr der folgenden Aussagen Sie mit ‚Ja‘ beantworten können, desto stressanfälliger sind Sie. Bei den mit ‚Nein‘ markierten Aussagen gibt es vorerst keinen Handlungsbedarf. Bei den anderen sehr wohl.

Nehmen wir an, Sie hätten bei der vierten Aussage (Ich grüble lange über Fehler nach.) ein ‚Ja‘ gesetzt. Wir unterstellen, dass das ständige Grübeln Stress erzeugen kann und infolgedessen der demnächst anstehende Vortrag große Nervosität bei Ihnen auslösen wird. Wie ist vorzugehen?

Nicht zu lange über Fehler nachdenken

Lassen Sie uns überlegen: Weshalb denken Sie lange über Fehler nach? Ärgern Sie sich, dass Sie den Fehler begangen haben? Denken Sie immer und immer wieder die Situation durch, weshalb es zu diesem Fehler kam? Helfen Ihnen diese Gedanken, in Zukunft den Fehler zu vermeiden?

Was passiert ist, ist passiert

Genau hier ist der ‚Knackpunkt'. Gedanklich versuchen Sie die Vergangenheit zu bearbeiten. Wäre es nicht sinnvoller, sich auf die Zukunft zu orientieren? Wäre es demnach nicht besser zu überlegen, was Sie tun können, um den gemachten Fehler nicht zu wiederholen?

Wie kann ich Fehler in Zukunft vermeiden?

Stecken Sie Ihre Energie eher in die Überlegungen, keine Wiederholung desselben Fehlers zu begehen. Auch dieses Gedankengut verbraucht Energie und kann gegebenenfalls etwas Nervosität produzieren.

Tatsächlich bewegen Sie sich gedanklich allerdings in der Zukunft. Und in der Zukunft ist noch nichts passiert.

Das bedeutet, dass Sie dort stressfrei denken können.

Stellen Sie sich vor, wie die Präsentation optimal läuft beziehungsweise laufen wird und diese dadurch positiv beeinflusst. Damit helfen Sie sich selbst und bereiten sich so auf die nächste Präsentation vor, sodass diese weniger Nervosität hervorrufen wird.

Ähnlich können Sie mit den anderen Punkten vorgehen. Generell lässt sich sagen: Die Vergangenheit lässt sich nicht ändern, die Zukunft sehr wohl.

Also heißt es, an die Zukunft zu denken.

Eigenmanipulation zum Stressabbau

Wenn Sie es schaffen, für die Zukunft geplant zu haben, wenden Sie sich der Gegenwart zu. Bekanntlich klemmt die Gegenwart zwischen Vergangenheit und Zukunft.

Seit Jahrtausenden versuchen Philosophen und sonstige gelehrte Menschen herauszufinden, wie lange die Gegenwart andauert. Da es keine vernünftige Antwort gibt, können wir sie hier auch nicht geben. Ziemlich sicher ist, dass sie sehr kurz sein muss.

Durch die Aneinanderreihung ständiger Gegenwarts-Augenblicke ergibt sich unsere empfundene Gegenwart. Diese Gegenwart kann jeder optimal gestalten, damit die naheliegende Zukunft (und irgendwann auch die ferne Zukunft) möglichst ruhig und in Ihrem Sinne stressfrei bewältigt werden kann.

Das gilt auch für geplante Reden, Vorträge und Präsentationen. Je nach genereller Lebenseinstellung wird es der eine oder andere schaffen, gelassener und authentischer mit Aufträgen umzugehen.

Deshalb folgen hier einige Tipps, wie Sie Ihre Lebenseinstellung optimieren können.

Tipps zur Lebenseinstellung in der Gegenwart	
Ich vermeide Hektik.	
Ich spreche in ruhigem Ton.	
Ich denke gerne an frohe Ereignisse.	
Ich atme zuerst tief durch, bevor ich kritisiere.	
Ich bewege mich angemessen.	

Ich freue mich auf die Zukunft.

Ich achte auf meine Gesundheit.

Ich führe mit mir positive Selbstgespräche.

Ich verbreite eine angenehme Atmosphäre.

Ich schlafe ausreichend.

Ich lerne aus begangenen Fehlern.

Ich gehe voller Zuversicht in Konfliktsituationen.

Ich werde gewinnen!

Ich kläre Missverständnisse direkt.

Ich stelle stresserzeugenden Lärm ab.

Ich bereite mich immer sorgfältig vor.

Ich lasse keine innerlichen Aggressionen in mir aufstauen.

Ich spüre, wie die Nervosität nachlässt.

Es liegt an Ihnen, wie weit es Ihnen gelingt, eine stressfreie Gegenwart zu kreieren und es damit der Nervosität schwieriger machen, Ihre Persönlichkeit zu dominieren.

So stärke ich mich für die Zukunft

Wenden wir uns noch einmal der Zukunft zu. Bisher ist klar, wie Sie sich von Fehlern aus der Vergangenheit distanzieren und darauf achten, diese in Zukunft nicht zu wiederholen.

Weiter, wie Sie Ihre Gegenwart leben, um ruhiger und gelassener auf rhetorische Herausforderungen reagieren zu können und diese mit wenig Nervosität vernünftig bewältigen.

Hier gibt es noch eine Liste mit einigen Aussagen, die Ihnen helfen können, um sich für die Zukunft zu stärken. Die Tipps:

Für die Zukunft stärken
Ich mache das Beste aus jeder Situation.
Ich suche immer nach Verbesserungen.
Ich denke positiv.
Ich vermeide Negativ-Wörter wie: „sollte, man, müsste, vielleicht, eigentlich, halt, nein, kein".
Ich ignoriere negative Gedanken.
Ich mobilisiere meine inneren Kräfte.
Ich sammle positive Nachrichten.
Ich freue mich auf jeden neuen Tag.
Ich genieße das Leben.

Ich bin verantwortlich für meinen Erfolg.

Ich lächle oft.

Genau durchdenken

Widmen wir hier noch einem weiteren Gedanken ein paar Zeilen. Es kann sein, dass Sie die Angaben in den Tabellen einfach durchlesen. Bei der einen oder anderen Angabe werden Sie möglicherweise denken, „Das mache ich sowieso".

Andere Angaben überlesen Sie vielleicht großzügig. Das Ziel dieses Ratgebers ist es ja, die Nervosität beziehungsweise das Lampenfieber vor Reden möglichst niedrig zu halten.

Da nicht nur das fachlich Inhaltliche zählt, sondern deutlich auch das menschliche Vorgehen, sollten einzelne oben gemachte Auflistungen vielleicht noch einmal durchdacht werden.

Hinter jeder Aussage, egal wie ‚banal' sie sich anhören mag, versteckt sich eine Kraft, die Sie nutzen können, sich im rhetorischen Auftreten zu stärken.

Aus zahlreichen Coachings und Trainings ist dem Autor dieses Ratgebers bekannt, dass Menschen bei etwas Nachdenken (zu diesen Punkten) bereits Beachtliches leisten können. Wohl gemerkt, wir sind hier immer noch im gedanklichen Bereich.

Wer dazu bereit ist, kann bestimmte Verhaltensmuster im Leben anpassen.

Im letzten Schritt folgt natürlich dann das aktive Umsetzen.

Nehmen Sie sich beispielsweise vor, mehr zu lächeln, dann liegt es schließendlich an Ihnen, genau dieses auch zu tun.

Stress-Vermeidung und Minimierung der Nervosität

So, und nun wird auch physisch gearbeitet. Gedanken haben Sie sich nun genügend gemacht. Jetzt heißt es, deutlich aktiv zu werden.

Es ist schön, wenn Sie für eine bestimmte rhetorische Aufgabe die Nervosität besiegt haben. Noch besser wird es, wenn Sie die Nervosität generell für vergleichbare Auftritte deutlich im Griff haben.

Eingangs haben wir einen Unterschied zwischen Nervosität und Lampenfieber gefunden. Die unten aufgeführten Übungen eignen sich überwiegend dazu, um generell die Nervosität zu minimieren und ein stressfreies Leben zu führen.

Techniken, um Nervosität in den Griff zu bekommen

Im ersten Bereich wird auf sogenannte Entspannungstechniken hingewiesen. Hier gibt es genügend Anbieter auf dem Markt, die als professionelle Profis helfen können, eine ruhigere Gesamteinstellung zum Leben aufrecht zu erhalten.

Danach wird von einer Fantasiereise gesprochen. Diese können Sie in einem Kurs mit anderen zusammen unternehmen. Leichter mag es sein, diese Fantasiereise alleine zu Hause umzusetzen.

Sie sind dann freier in Ihrer zeitlichen Gestaltung und lernen, diese Übung flexibel an anderen Orten einzusetzen.

Der Vorteil solch einer Fantasiereise ist, dass Sie diese nach einiger Übung kurzfristig vor einem Auftritt (zum Beispiel in einem kleinen Nebenraum) praktizieren können.

Übungen zur Stress-Verminderung

Bauen Sie Nervosität ab, indem Sie folgende Übungen umsetzen. Nähern Sie sich dem Stress in einer unten beschriebenen Art.

Tricks zum Abbau von Stress und Nervosität

Beginnen wir mit einigen Übungen, die Nervosität in den Griff zu bekommen.

1. Nervositäts-Trick: Entspannungstechnik einsetzen

Entspannungstechniken einsetzen. Zum Beispiel Autogenes Training, Meditation, Progressive Muskelentspannung, Tai Chi, Atemtechniken, Körpertherapiemethoden, Yoga usw.

2. Nervositäts-Trick: Fantasiereise unternehmen

Eine Fantasiereise (auch Traumreise) unternehmen. Sich eine fiktive Geschichte erzählen lassen oder hören. Dabei entspannen und sich den Ablauf der Geschichte vorstellen. Am besten liegend, bei geschlossenen Augen, gegebenenfalls mit beruhigender Hintergrundmusik.

3. Nervositäts-Trick: Stress thematisieren

Den Stress thematisieren. Im Erfahrungsaustausch mit Kollegen, durch Gespräche mit dem Partner oder mit Freunden.

4. Nervositäts-Trick: Mental vorbereiten

Sich mental auf mögliche schwierige Situationen im Leben vorbereiten. Spielen Sie gedanklich Verhaltensalternativen durch.

Je mehr Situationen Sie mental durchdacht haben, desto wahrscheinlicher wird später eine dieser Situationen eintreten. Sie sind dann vorbereitet und können gut reagieren.

5. Nervositäts-Trick: Innere Distanz schaffen

Sich eine innere Distanz zum Arbeitsgeschehen schaffen. Machen Sie sich klar, dass nicht Sie allein für alles die Verantwortung tragen. Und vor allem: Nicht alles persönlich nehmen. Trennen Sie zwischen Kritik an Ihrem Verhalten und Kritik an Ihrer Person.

6. Nervositäts-Trick: Probleme zerlegen

Aufgaben und Herausfor-
derungen in Einzel-‚Prob-
leme‘ zerlegen, die dann
leichter gelöst werden
können. So stellt sich
leichter und schneller ein
Erfolg ein.

7. Nervositäts-Trick: Herausforderungen suchen

Schwierigkeiten und Belastungen
als Herausforderungen betrachten, anstatt alles negativ zu sehen. Streichen Sie das Wort Probleme und ersetzen Sie es durch
Herausforderungen.

8. Nervositäts-Trick: Von außen betrachten

In der jeweiligen
Stresssituation Distanz
schaffen. Überlegen
Sie sich zum Beispiel:
„Was würde ich in die-
ser Situation einem
guten Freund raten?“
Oder „Was würde ein
neutraler Beobachter
in dieser Situation sa-
gen?“ Treten Sie ne-
ben sich und betrach-
ten Sie die Situation
und Ihr Verhaltens-
muster von ‚außen‘.
Sie vermeiden damit
ein Scheuklappen-
Denken.

9. Nervositäts-Trick: Stressfreie Zone

Sich zu Hause eine
‚stressfreie' Zone einrich-
ten. Es genügt schon ein
Sessel, in dem Sie ab-
schalten können.

10. Nervositäts-Trick: Auszeiten schaffen

Auszeiten und Ruhephasen
schaffen. Ziehen Sie sich in
ein Zimmer zurück und bitten Sie Ihr soziales Umfeld,
Sie dort nicht zu stören.

11. Nervositäts-Trick: Zeitmanagement nutzen

Bewusstes Zeitmanagement einsetzen. Nehmen Sie nicht zu viele Arbeiten an. Erstellen Sie eine Prioritätenliste und klären Sie: „Was ist wirklich wichtig, was kann ich delegieren oder vernachlässigen?"

12. Nervositäts-Trick: Abschalten können

Sich bewusst möglichst immer die Zeit nehmen, um nach getaner Arbeit abzuschalten. Sie können auf Dauer nur dann gute Leistung erbringen, wenn Sie sich die Zeit zur Entspannung einräumen.

13. Nervositäts-Trick: Tagesablauf sprengen

Den üblichen Tagesablauf sprengen. Setzen Sie öfter etwas ‚außer der Reihe' um.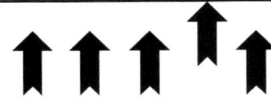
Damit klinken Sie sich eine gewisse Zeit aus dem Alltagsablauf. Das bringt Abwechslung im Leben und macht das Leben lebenswerter. Abwechslung bereichert das Leben. Raus aus dem Alltagstrott.

14. Nervositäts-Trick: Besonders gönnen

Gönnen Sie sich ganz bewusst schöne Dinge. Ein leckeres Essen, die Lieblings-Musik anhören, in einem Buch schmökern. Und all das, ohne ein schlechtes Gewissen zu haben. Denken Sie an den Spruch ‚Carpe diem'.

Hierzu gehört auch und ganz deutlich, die Schönheiten des Lebens zu genießen – bewusst und ohne schlechtes Gewissen, wohlgemerkt.

15. Nervositäts-Trick: Körperlicher Ausgleich

Körperlichen Ausgleich suchen. Zum Beispiel Joggen, Radfahren, Wandern usw.

16. Nervositäts-Trick: Gesunde Lebensführung

Eine gesunde Lebensführung führen. Zum Beispiel bewusste Ernährung, wenig(er) Alkohol, ausreichend Schlaf.

Das sind eine Menge Tricks, um Stress und Nervosität zu reduzieren. Es hört sich vieles so leicht an.

Es muss nur gemacht werden. Wann fangen Sie mit der Umsetzung an?

Suchen Sie sich anfangs etwas aus, was Sie relativ leicht üben können. Ruhen Sie sich aber nicht zwangsläufig auf einem Erfolg aus, der diese eine Übung auslöste.

Schauen Sie, dass Sie sich auch an die anderen Übungen wagen.

Nervosität unter Kontrolle

Liebe Leserin, lieber Leser, können Sie bereits einen Erfolg aufgrund durchgeführter Übungen erkennen? In der Theorie scheint alles relativ einfach.

Ist es in der Praxis auch so? Ja, tatsächlich lässt sich vieles relativ problemlos ins tatsächliche Leben übertragen. Der finanzielle und zeitliche Aufwand ist überschaubar.

Manchmal blockiert der ‚innere Schweinehund‘, der Ausreden sucht und findet. Lassen Sie sich durch ihn nicht abhalten.

Schließlich ist es Ihr Leben, welches Sie beeinflussen können.

In Trainings zu diesem Thema ist immer wieder zu hören, dass einer sagt „Ja, aber…“, um zu erklären, weshalb er diese oder jene Übung nicht machte. Erklärungen dieser Art sind leicht und schnell zu finden.

Helfen sie wirklich weiter? Wer sich ein echtes Ziel gesetzt hat, sollte sich nicht mit solchen Ausreden rechtfertigen.

Immerhin heißt es im Titel dieses Ratgebers „Nervosität austricksen“. Falls Sie sich diese beiden Wörter als Ziel gesetzt haben, wissen Sie, wie Sie vorgehen können.

Um es anders auszudrücken: Sie selbst entscheiden darüber, wie weit es Ihnen gelingt, Ihre Nervosität in den Griff zu bekommen.

Lassen Sie nicht locker! Guten Erfolg weiterhin!

Techniken, um Lampenfieber in den Griff zu bekommen

Ein früherer deutscher Minister äußerte sich zu seinem Lampenfieber sinngemäß wie folgt. Obwohl er mit fast allen politischen Größen der damaligen Welt gesprochen hatte, nicht zählbare Meetings führte und unendlich viele Vorträge und Reden vor einem neugierigen Publikum hielt, spürte er vor fast allen seinen rhetorischen Auftritten ein gewisses Lampenfieber.

Seiner Meinung nach war das nicht schlimm, ließ es ihn doch seine Aufmerksamkeit auf die kommende Aktion lenken.

Er führte in seiner rechten Jackentasche einen geschliffenen Halbedelstein mit sich. Berührte er diesen, stärkte und beruhigte ihn das gleichzeitig.

1. Lampenfieber-Trick: Der beruhigende Zauberstein

Alles nur Humbug? Nein, denn es half dem Politiker. Auch wenn hier keine wissenschaftlichen Forschungsergebnisse erklären können, weshalb das Berühren eines glatten Steines Ruhe ausstrahlt, war das Ergebnis – nämlich eine innere Ruhe vor einem Auftritt – wichtiger.

Wenn Sie an solch eine Technik ‚glauben', können Sie die Wirksamkeit einfach einmal ausprobieren. Aufgrund der Größe, besser ausgedrückt der Kleine des Steins, bekommt in der Regel gar niemand mit, dass Sie hier eine Beruhigungstechnik einsetzen.

Besorgen Sie sich einen passenden unhandlichen geschliffenen Halbedelstein, der vom Gewicht her leicht mit sich zu führen ist und von der Form nicht verräterische Beulen in der Jackentasche bildet.

Weshalb wird von den meisten, die mit solch einem Trick arbeiten, der Stein in der rechten Tasche mitgeführt? Das ist relativ einfach erklärbar.

Nehmen wir an, Sie sollten eine Rede von einer Bühne aus halten. In den meisten Fällen ist dort ein Pult aufgebaut. Aus Sicht des Zuschauers steht dieses auf der linken Seite der Bühne:

Ehrengäste und Redner sind im Publikum meist in der ersten Reihe platziert. Stehen Sie auf der Bühne, sitzen die Ehrengäste aus Ihrer Sicht auf der rechten Seite im Raum. Das hat den einfachen Vorteil, dass Sie von Ihrem Sitzplatz aus schnell auf der Bühne hinter dem Pult sein können. Sie müssen nicht ewig lange Strecken zurücklegen.

Steht der Ehrengast auf, bewegt er sich auf die linke Seite der Bühne, um sie von dort zu besteigen. Auf dem Weg dorthin wendet er seine linke Körperhälfte zum Publikum. Seine rechte Körperhälfte ist für das Publikum nicht sichtbar.

Das gibt ihm die Möglichkeit, unauffällig in seine rechte Jackentasche zu greifen, in der sich der Halbedelstein befindet. Eine kurze Berührung des Steins, diesen einmal durch die Handfläche gleiten lassen – schon ist die Beruhigung da. Nun betritt der Ehrengast das Podium, von wo aus er seine Rede startet.

2. Lampenfieber-Trick: Das Lampenfieber wegschnicken

Bleiben wir bei einem Trick, der durch Selbst-Beeinflussung auch sehr gut klappen kann.

Viele, die unter Lampenfieber leiden, berichten über ein Unwohlsein in der Bauch-Gegend. Sie fühlen ein unangenehmes Gefühl, eine schwierig zu beschreibende Schwere oder ein Kribbeln. Es wird Ihnen ‚flau‘.

Unabhängig davon, wie das Gefühl tatsächlich zu beschreiben ist, wird der Stress lokalisiert und gespürt.

Auto-Suggestion einsetzen

Nun machen wir uns die Auto-Suggestion zu Eigen. Lassen Sie uns etwas kreativ werden. Wir stellen das Gefühl, welches das Lampenfieber auslöst, als greifbare Materie vor. Nennen wir es ganz einfach ‚Lampenfieber‘.

Konzentrieren Sie sich nun genau darauf, wo das Lampenfieber in Ihrem Körper sitzt. Machen Sie sich das genau bewusst. Nun entwickeln Sie Ihre innerlichen Kräfte und lassen das Lampenfieber langsam vom Ursprungsort über Ihren Körper in die Arme und schließlich in die Hände wandern.

Bei genauer Konzentration spüren Sie eine Art pelziges, kribbelndes Gefühl in Ihren Händen. Dort, wo das Lampenfieber ursprünglich saß, spüren Sie nun kein Unwohlsein mehr. Wir dürfen in dieser Übung davon ausgehen, dass sich das Lampenfieber nun komplett in Ihren Händen gesammelt hat.

Schnicken Sie nun mit deutlicher Geschwindigkeit Ihre Hände nach außen weg. Gleichzeitig schnicken Sie sozusagen den Stress aus Ihren Händen nach draußen.

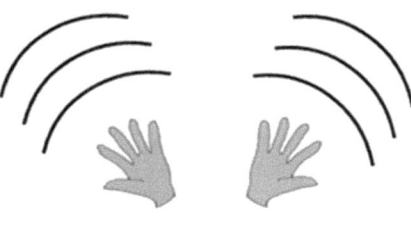

Das Lampenfieber hat Ihren Körper verlassen. Sie spüren weder das Kribbeln noch ein anderes unangenehmes Gefühl in Ihrem Körper.

An den Erfolg ‚glauben'

Solch eine Übung kann natürlich nur dann klappen, wenn Sie an den Erfolg ‚glauben'. Probieren Sie es bei nächster Gelegenheit einfach einmal aus. Warum sollten Sie nicht denselben Erfolg erzielen, den hunderte Schauspieler und Redner täglich einsetzen, um ihr Lampenfieber ganz leicht zu ‚entsorgen'.

Sie können es auch schaffen, das Lampenfieber nur in einer Hand zu konzentrieren. Erinnern Sie sich an den Trick mit dem Halbedelstein Ihrem Auftritt vor der Bühne. Konzentrieren Sie Ihr Lampenfieber in Ihrer rechten Hand (die befindet sich auf dem Weg zur Bühne zwischen dieser und Ihrem Körper). Schnicken Sie – unsichtbar für die Zuschauer – den Stress Richtung Bühne weg. Ruck, zuck ist das geschehen und zwar unmittelbar vor Ihrem Auftritt. Mancher Redner wartet so lange, bis er aufs Podium steigt. Dann ist seine rechte Hand von den Zuschauern nicht einsehbar. Hat er den Stress dort gesammelt, schnickt er ihn nun weg.

Lampenfieber wegtreten

Der Vollständigkeit halber sei erwähnt, dass Sie Ihr Lampenfieber auch in die Füße lenken können, von wo aus es dann ‚weggetreten' wird.

Mehrere Seminarteilnehmer haben berichtet, dass sie ihr Lampenfieber unmittelbar vor dem Anklopfen an die Bürotür des Chefs eingesetzt haben. Sie hatten somit die Chance, weniger aufgeregt das Zimmer des Vorgesetzten zu betreten.

3. Lampenfieber-Trick: Tief Luft holen

Manche Menschen atmen deutlich schneller, wenn Sie von Lampenfieber geplagt werden. Manchmal ist die Atmung so schnell, dass schon von Hyperventilation gesprochen werden kann. Sollten Sie in diese Situation kommen gilt: Werden Sie ruhig!

Achten Sie genau auf Ihre Atmung. Atmen Sie zuerst alle verbrauchte Luft aus, dann langsam tief ein wieder tief aus. Wenn Sie das ein paar Mal gemacht haben, sollten Sie merken, dass Sie ruhiger werden. Gleichzeitig müsste sich auch das Lampenfieber abbauen.

4. Lampenfieber-Trick: Im Traum verreisen

Bestimmt erinnern Sie sich an die beschriebene Fantasiereise. Wenn Sie diese Reise trainiert und mit einer ansprechenden Geräuschkulisse hinterlegt haben (Meeresrauschen, Vogelzwitschern, Musikeinspielung und andere), schafft es Ihr Gehirn, sich diese Vorstellung schnell auch an anderer Stelle wieder in Erinnerung zu rufen.

Suchen Sie sich unmittelbar vor Ihrem Auftritt eine ruhige Ecke, setzen sich hin, schließen die Augen und rufen Ihre Fantasiereise auf.

Glücklicherweise geht es ganz schnell, fast sofort: schon befinden Sie sich in Ihrer Traumwelt.

Genießen Sie einige Augenblicke die entspannte Atmosphäre. Sie werden merken, wie sich Ihr Körper beruhigt.

Das Lampenfieber lässt nach.

Schon nach wenigen Momenten können Sie entspannt aufstehen und sich der nächsten Situation stellen.

„Sind Sie entspannt?"

Liebe Leserin, lieber Leser, Sie werden gesehen haben, dass viele dieser Übungen relativ leicht umzusetzen sind. Sie haben gelernt, wie Sie mit bestimmten Techniken eine dauerhafte Ausgeglichenheit erreichen können.

Weiter haben Sie gesehen, mit welchen Techniken Sie kurzfristig Ihr Lampenfieber einschränken können.

So schwierig ist das alles gar nicht.

Probieren Sie es aus. Wenn Sie zu den Glücklichen gehören, die sich leicht mit diesen Techniken beruhigen lassen, steht Ihnen eine stressfreiere Zukunft bevor.

Bald werden Sie zu den Leuten gehören, die sich nicht scheuen, bei jeder möglichen Rede charmant, lustig, authentisch oder so, wie gewollt, auftreten zu können.

Sie haben es geschafft, Ihre innere Ruhe aufzubauen.

Der letzte Lampenfieber-Trick soll zeigen, dass auch komplexere Übungen bei mehrfacher Wiederholung schon in kürzester Zeit den gewünschten Erfolg bringen.

Strahlen Sie Ihre innere Ruhe aus. Diese wird sich auf andere übertragen.

Dadurch kann eine allgemeine, positive Atmosphäre entstehen. Diese dient allen Anwesenden, sei es dem Redner oder dem Zuhörer.

Teil 3 – Tricks in Präsentationen, die Nervosität unsichtbar zu machen

Nervositäts-Hemmschwelle überwinden

„Alles halb so schlimm."

Eine ältere Dame trug in einem Seminar folgenden Spruch bei:

Im Herbst fallen die Blätter – Donnerwetter.

Im Frühling sind sie wieder dran – sieh mal an.

„Na toll" mögen Sie denken. Was ist so besonders an diesem Spruch? Zuerst einmal: nichts. Die Blätter fallen – und zwar jedes Jahr. Immer dasselbe. Und ein halbes Jahr später sind sie wieder da. Auch nichts Besonderes. Immer wieder dasselbe. Vielleicht ist es gerade das, was diesen Zweizeiler überlegenswert macht.

Auf der einen Seite handelt es sich um etwas, was immer und immer wieder geschieht. Etwas, dem viele gar keine Bedeutung mehr beimessen, weil es für sie ‚natürlich' ist.

Übertragen wir diesen Spruch auf rhetorische Anlässe. Selbstverständlich gleicht nicht eine Rede einer anderen. Immer wieder gibt es neue Situationen, Anlässe, Zielgruppen usw.

Die allererste Rede wird ganz bestimmt eine besondere sein. Halten Sie häufiger Reden, verlieren diese nach und nach ihre Besonderheit. Das heißt nicht, dass auch in der 100. oder 1000. Rede keine entsprechende Vorbereitung und Wertschätzung zu finden sein soll.

Aber irgendwann werden die Reden (die Art und Weise der Reden) vergleichbar. Sie werden ‚natürlich' und authentisch. In der Regel gibt es eine Begrüßung und einen Abschluss. Immer wieder.

Also: nichts Besonderes mehr. Genau wie die Blätter, die im Herbst fallen und im Frühling wieder da sind.

Nehmen Sie eine Rede nicht als so bedeutungsvoll, dass sie Ihr Leben ruinieren könnte. Beschäftigen Sie sich mit ihr, bereiten Sie sich gut vor und starten Sie mit positiver Einstellung. Dann kann schon nichts passieren. Es ist alles nur halb so schlimm.

Nervositäts-Level

Selbstverständlich gibt es immer wieder Herausforderungen, die so selten oder einmalig sind, dass ihnen eine besondere Aufmerksamkeit geschenkt werden soll.

So schrieb in einem Interview die erste dunkelhäutige US-Literatur-Nobel-Preis-Gewinnerin (1993) Toni Morrison (eigentlich Chloe Ardelia Wofford, *1931), dass sie fast einen Monat Vorbereitungszeit brauchte, um ihre Rede vor dem elitären Publikum professionell halten zu können.

Das ist ziemlich nachvollziehbar. Solch eine Rede bedeutet tatsächlich etwas ganz Besonderes.

Nur, wenn wir auf den Boden der Tatsachen zurückkehren: Wie viele von uns haben die Ehre, eine Rede anlässlich der Verleihung eines Nobelpreises halten zu dürfen?

Hätte die erwähnte Schriftstellerin von Anfang an einen hohen Nervosität-Level, könnte sie solch eine Rede kaum halten, ohne ihrem Körper Schaden zuzufügen.

Ist es zuvor gelungen, das Nervosität-Level so tief wie möglichst zu halten, darf es bei besonderen Gelegenheiten wieder etwas höher sein als üblich.

Hemmschwelle erklimmen und besiegen

Zu Beginn des Buches haben wir uns eine Nervosität-Kurve angeschaut. Sie sieht so aus.

Sie zeigt einen starken Anstieg der Nervosität unmittelbar zu Beginn der Präsentation.

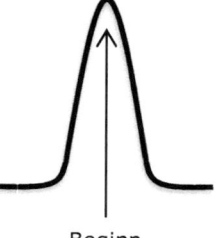

Beginn

Menschen, die unter außergewöhnlicher Nervosität leiden, ziehen den Scheitelpunkt, also den Höhepunkt des Nervosität-Empfindens, in die Länge.

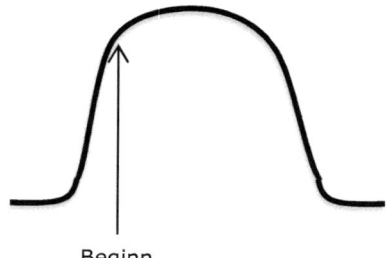

Beginn

Das bedeutet, dass noch mehr gegen die Nervosität gekämpft werden muss. Die Gefahr, in der Präsentation Fehler einzubauen, steigt immens.

Ziel: Durch das geplante Ablenken der Zuschauer soll sich das eigene Empfinden der Nervosität schneller abbauen.

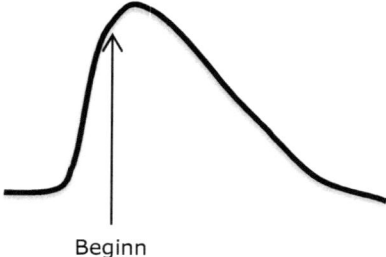

Beginn

Ablenken der Zuschauer gleich zu Beginn

So wollen wir hier einige Überlegungen anstellen, wie der Zuschauer abgelenkt werden kann, damit er mögliche Nervosität nicht wahrnimmt.

Und gleichzeitig soll die eigene Nervosität abgebaut werden.

Dabei soll klar sein, dass – egal welche Taktik eingesetzt wird – diese für den Zuhörer als professionell wahrgenommen wird.

Der Zuhörer soll gar nicht merken, was damit beabsichtigt ist. Im Gegenteil – er soll das Gefühl erhalten, einer besonderen Art der Präsentation beiwohnen zu dürfen.

Für die meisten Zuhörer ist es schön, wenn sie sich schnell wohlfühlen. Sie sollen das Gefühl haben, sich in einer angenehmen Atmosphäre zu befinden.

Für sie ist angenehm, wenn sie schnell einmal lachen können und eine ‚verkrampfte' Situation möglichst gar nicht aufkommt.

Ablenken durch: Eisbrecher

Aus diesem Grund bringen manche Redner gleich am Anfang einen sogenannten Eisbrecher.

Das machen sie, indem sie einen passenden Cartoon an die Wand projizieren, einen zum Thema hinleitenden kurzen Witz erzählen, einen kurzen, fiktiven Dialog darstellen oder in ähnlicher Weise handeln.

Es besteht das kleine Risiko, dass der Witz nicht ankommt oder der Cartoon nicht ‚greift'. Dann entsteht eher eine peinliche Situation.

In solch einem Fall sollte der Redner gar nicht weiter darauf eingehen, sondern so, als wäre nichts geschehen, seine Präsentation starten.

Als Einbrecher passt auch ein ‚flotter' Einstieg: „Sie glauben nicht, was mir eben passiert ist …" Und schon ist der Redner mittendrin in seinem Thema.

Ablenken durch: Alle etwas aufschreiben oder zeichnen lassen

Wenn Sie von sich ablenken wollen, bedeutet das, dass Sie die Aufmerksamkeit des Zuschauers in eine andere Richtung lenken. So könnte jeder Teilnehmer auf seinem Platz einen Block und einen Stift vorfinden und gleich zu Beginn gebeten werden, etwas zu notieren.

Der Autor dieses Ratgebers bittet beispielsweise die Teilnehmer darum, Folgendes zu zeichnen: „DER GEFANGENE FLOH". Die Anweisung kann mündlich erfolgen, die drei Wörter können auch geschrieben werden (Achtung: in Großbuchstaben!).

Die Teilnehmer stellen nun eine Zeichnung auf ihrem Block dar. Schon nach wenigen Augenblicken ist die Übung zu Ende. Sie werden nun gefragt: „Wer von Ihnen hat einen Floh gezeichnet?" 70 bis 80 % der Anwesenden zeigen auf. Die anderen Teilnehmer schauen etwas unwissend beziehungsweise irritiert.

Es folgt die zweite Frage: „Wer von Ihnen hat einen Gefangenen gezeichnet, der geflohen ist?" Bis auf wenige Teilnehmer meldet sich nun der Rest.

Nun wundert sich die erste, größere Gruppe.

Deshalb gibt es nun die Auflösung: „DER GEFANGENE FLOH kann einmal das Tier Floh bedeuten, dass gefangen ist, oder andererseits den Häftling, der weggelaufen ist."

Erleichtertes Auflachen ist von fast allen Teilnehmern zu hören.

Sie haben verstanden, dass dieselbe Aussage in zwei

verschiedenen Richtungen gedeutet werden kann.

Jetzt verstehen sie auch, weshalb der geschriebene Text in Großbuchstaben geschrieben war.

Anschließend wird dem Spiel noch ein kleines i-Pünktchen aufgesetzt. Nämlich: „Wer von Ihnen sieht neben dem weggelaufenen Häftling und dem im Käfig gehaltenen Tierchen eine dritte Variante?"

Gespannt starren die Teilnehmer auf das Schriftbild.

Meistens fällt niemandem eine dritte Möglichkeit ein. Oder doch? Dort meldet sich jemand. „Ist vielleicht der Gefangene mit dem Eigennamen Floh gemeint?" Richtig! Der Gefangene namens Meier, Schulze oder eben Floh.

Es ist gelungen, die Teilnehmer sehr schnell mitten in das Präsentationsthema einzubinden. Nun folgt die Überleitung zum ‚eigentlichen' Thema. In diesem Falle könnte es zum Beispiel um die Schwierigkeit in der Kommunikation gehen, möglichst eindeutige Aussagen zu treffen.

Mögliche Missverständnisse dieser Art finden sich in allen möglichen Kritikgesprächen, in Verkaufssituationen, in Reden vor großen Versammlungen.

Wichtig in unserem Zusammenhang ist, dass bei dieser Übung der Teilnehmer sofort in einer Aktion eingebunden ist. Aufwertend kommt dazu, dass den Teilnehmern diese Übung Freude bereitet und Spannung aufbaut.

Dieser Einstieg ist fast überall mit relativ wenig Aufwand umzusetzen.

Vielleicht ist es für Sie als Redner beziehungsweise Rednerinnen sinnvoll, sich einige Gedanken über solch eine Art Übung zu machen. Die deutsche Sprache gibt bestimmt genügend vergleichbare Aussagen, die bei scheinbarer Eindeutigkeit doch zu Missverständnissen führen können.

Finden Sie eine Variante, haben Sie jederzeit die Möglichkeit mit diesem lustigen Spiel eine Aktion erfolgreich zu starten. Sie bieten einen lebhaften Einstieg und – so ganz nebenbei – lenken Sie die Zuhörer von der möglichen eigenen Nervosität professionell ab.

Ablenken durch: Abstimmen lassen

„Wer von Ihnen hat schon mal …".

Dieser Einstieg lässt sich noch leichter als die erstgenannte Übung umsetzen: das reine Abstimmen-lassen. Sie benötigen gar kein Material – demnach auch nichts zu schreiben. Ähnlich wie oben können Sie in diese Übung alle Teilnehmer einbinden. Das wertet den Zuhörer auf. Er bekommt das Gefühl, am Vortragsgeschehen aktiv teilzunehmen. Seine Meinung scheint wichtig zu sein.

Ein schöner Trick beim Abstimmen ist, dass jeder(!) einmal die Hand heben kann. Beispiel: Sie fragen „Wer von Ihnen ist schon einmal über den Nürburgring gefahren?" Einige Teilnehmer mögen sich melden. Nun stellen Sie die Gegenfrage „Wer von Ihnen war noch nie als Fahrer oder Beifahrer auf dem Nürburgring?" Der Wahrscheinlichkeit nach müssen sich nun alle anderen melden. Damit hat jeder einmal aufgezeigt. Nehmen wir an, die kleinere Gruppe hatte sich zuerst gemeldet. Ihr Thema hat beispielsweise mit der Schnelllebigkeit der Gesellschaft beziehungsweise im Berufsleben zu tun.

So könnten Sie vom schnellen Fahren zu schneller Kommunikation im Unternehmen kommen.

Obwohl die Einstiegsfrage nur bedingt mit dem Thema Kommunikation zu tun hat, können Sie sie entsprechend lenken.

Auch bei sehr großen Gruppen ist dieser Einstieg mit dem Handaufzeigen-lassen bequem möglich.

Ablenken durch: Anschauungsmaterial zeigen

Der langjährige Direktor des Frankfurter Zoos, Professor Bernhard Grzimek (eigentlich Bernhard Klemens Maria Hofbauer Pius Grzimek, deutscher Tierarzt und Verhaltensforscher 1909 – 1987) machte es deutlich vor.

In etwa 175 Fernsehsendungen seiner Reihe „Ein Platz für Tiere", in denen er als Moderator auftrat, brachte er jeweils ein Tier aus seinem Zoo mit.

Das Mitbringen eines Tieres ist aus heutiger Sicht möglicherweise nicht mehr zeitgemäß, damals war es aber die Sensation überhaupt. Für uns stellt es auch lediglich ein Beispiel dar.

Grzimek machte den Zuschauern deutlich, über welches Tier beziehungsweise welche Tierart er sprechen würde. Für den Zuschauer wurde das mitgebrachte Tier sozusagen greifbar. Es baute sich viel schneller und leichter ein Bezug zum Thema auf.

Nicht umsonst folgten am Ende der Sendung viele Zuschauer seinem Spendenaufruf für die bedrohte Tierwelt.

Nehmen Sie sich Herrn Grzimek als Beispiel. Gerade dann, wenn Sie ein komplexes Thema zu besprechen haben, veranschaulichen Sie es mit einem greifbaren ‚Anschauungsmaterial'.

Bitte nicht vergessen, dass diese Art des professionellen Einstiegs dazu dienen soll, die Aufmerksamkeit des Zuschauers in eine andere Richtung beziehungsweise auf eine andere Sache zu lenken.

Ablenken durch: Statt stehen – hinsetzen

In der Regel werden Sie als Redner oder Rednerin vor dem Publikum stehen. Sie gewinnen dadurch einen etwas besseren Überblick über die Anwesenden und stehen hierarchisch sozusagen etwas höher.

Falls Sie sich entscheiden, nicht hinter einem Pult zu stehen, sondern professionell frei zu handeln, sind Sie sozusagen angreifbar. Angreifbar deshalb, weil Sie sich bewusst nicht hinter einem Möbel verstecken und/oder sich dort krampfhaft festklammern.

Jemand, der unter starkem Lampenfieber leidet, tut sich hier nachvollziehbarerweise besonders schwer.

Greifen Sie deshalb zu einem Trick: Lassen Sie sich im Vorfeld einen Stuhl bereitstellen und setzen Sie sich. Sie genießen damit einen gewissen Schutz, denn Sie können nun ‚nicht mehr umfallen'. Das erzeugt Sicherheit. Und das ist genau das, was Sie wollen.

Selbstverständlich soll es – aus Sicht des Zuhörers – einen gewissen Sinn ergeben, weshalb Sie sich nun hinsetzen. Bringen Sie Ihre Vorgehensweise in einen ‚sinnvollen' Zusammenhang.

Beispielsweise so: „Als ich neulich mit dem Intercity nach München fuhr, es mir gemütlich gemacht hatte und ruhig aus dem Fenster schaute, kam mir plötzlich folgende Idee, die ich Ihnen jetzt vorstellen will."

Es ist Ihnen gelungen, dem Zuhörer das Bild Ihrer Zugfahrt zu vermitteln. Er kann sich ziemlich deutlich in Ihre geschilderte Situation versetzen.

Im übertragenen Sinne können wir sagen, er ‚fühlt sich auf Ihrer Fahrt mitgenommen'.

Gleichzeitig ist er neugierig auf die Idee, die Sie während Ihrer Fahrt hatten und die Sie nun schildern werden.

Das bewirkt, der Zuhörer ist deutlich eingebunden in Ihren kommenden Vortrag.

Ablenken durch: Allen Teilnehmern etwas in die Hand geben (lassen)

Ähnlich gehen Sie vor, wenn Sie einem Zuhörer etwas in die Hand geben. Sie können darum bitten, das Anschauungsmaterial weiterzureichen. Je nachdem, worum es sich handelt, können Sie auch ein Teil für jeden ausgeben.

Auch hier wird die Aufmerksamkeit abgelenkt. Allerdings wird sie sehr deutlich abgelenkt – so, dass einerseits eine gewisse Geräuschkulisse bei den Zuschauern entsteht, die störend empfunden werden kann, und andererseits der Zuhörer kaum mehr darauf achtet, was Sie nun sagen.

Sie können nun sagen, dass die Ablenkung wunderbar gelungen ist. Allerdings ist es nun Ihre Aufgabe, die Aufmerksamkeit der Zuhörer wiederzugewinnen. Mit anderen Worten, diese Art des Vorgehens kann zweischneidig sein. Sollten Sie eine längere Präsentation halten und zwischendurch in diesem Sinne aktiv werden, ist der Einsatz etwas kontrollierbarer.

Uns geht es allerdings hier ja darum, gleich zu Beginn der Präsentation von der eigenen Nervosität abzuleiten.

Stellen Sie sich vor, Sie überreichen das Anschauungsmaterial nur einem Zuschauer, könnten Sie ihm daraufhin die eine oder andere Frage stellen.

Zum Beispiel, worum es sich bei diesem Anschauungsmaterial handelt, oder – wenn das klar oder bekannt ist – dass er das Gewicht schätzen solle und so weiter.

Auf diese Weise bringen Sie auch eine kleine Interaktion mit dem Publikum ein.

Nehmen Sie dann das Anschauungsmaterial wieder an sich, gehen an eine andere Stelle im Raum, um dort eine zweite Person das Objekt anfassen zu lassen.

Möglicherweise auch hier wieder verbunden mit einer Frage, deren Antwort dann mit der Antwort der ersten Person verglichen werden könnte.

Ablenken durch: Blickkontakt zum Medium lenken

Wie es sich für einen guten Redner gehört, nehmen Sie abwechselnd Blickkontakt zu jedem Zuhörer auf.

Durch diese Aufnahme des Augenkontaktes fühlt sich der Zuhörer angesprochen und in das Seminargeschehen eingebunden.

Soweit so gut. Allerdings schauen Sie die Zuhörer ebenso an. Je nach Anzahl Ihrer Zuschauer haben Sie nun zig Augenpaare, die erwartungsvoll oder kritisch in Ihre Richtung schauen.

Obwohl der Blickkontakt in Reden grundsätzlich als positiv betrachtet werden darf, kann dieser bei Ihnen Nervosität auslösen. Da wir in diesem Kapitel davon ausgehen, dass Ihr Lampenfieber schon stark ausgeprägt ist, wird Ihre Nervosität noch stärker werden als vorher. Das ist nicht gut. Was tun?

Nun, auch hier gilt dasselbe wie in den anderen Übungen.

Der Blickkontakt der Zuschauer muss in eine andere Richtung gelenkt werden. Projizieren Sie deshalb gleich zu Beginn ein aussagekräftiges Diagramm, ein unterstrichenes Bild, ein passendes Zitat oder anderes an die Wand.

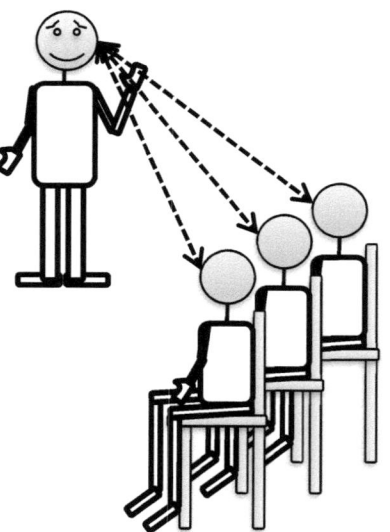

Da die Projektion vorher nicht zu sehen war, wendet sich sofort das Interesse des Zuschauers auf das gezeigte Bild.

Aller Augen sind nun in eine andere Richtung gelenkt – weg von Ihnen. Und das ist ja genau das, was Sie wollen.

Somit können Sie Ihre Rede nun aus dem ‚Off' beginnen. Das schafft Ihnen einige wertvolle Sekunden, um sich zu konzentrieren und die erste Hemmschwelle zu überwinden.

Ablenken durch: Teilnehmer einbinden – Rollenspiel

Eine weitere Möglichkeit ist, einen Teilnehmer oder eine Teilnehmerin direkt in Ihr Geschehen einzubinden. Vielleicht kennen Sie das aus großen Shows, Unterhaltungsprogrammen, Cabarets, Zauberveranstaltungen und ähnlichen Darbietungen.

Der Akteur sucht ein ‚Opfer' aus dem Publikum, das er in seine Darstellung einbindet. Aber – wer möchte schon gerne als Opfer angesehen werden? Derjenige, den es trifft, sieht die Schadenfreude der anderen. Die sind nämlich froh, dass sie selbst nicht ausgesucht wurden.

Also eine sensible Sache, die Sie hier umsetzen können. Falls Sie so vorgehen, bleiben Sie ausgesprochen freundlich aber auch relativ direkt. Fragen Sie nicht etwa: „Wer kommt mal freiwillig zu mir?" Besser: „Darf ich Sie eben mal zu mir bitten", wobei Sie die betreffende Person deutlich ansprechen und anlächeln.

Achten Sie darauf, dass Sie die ausgesuchte Person nicht negativ dastehen lassen. Sehen Sie sie eher als Hilfskraft an, um etwas darzustellen, wozu es zwei Beteiligte braucht. Zum Beispiel, um etwas Größeres gemeinsam halten zu können oder beispielsweise eine lange Schnur zu spannen.

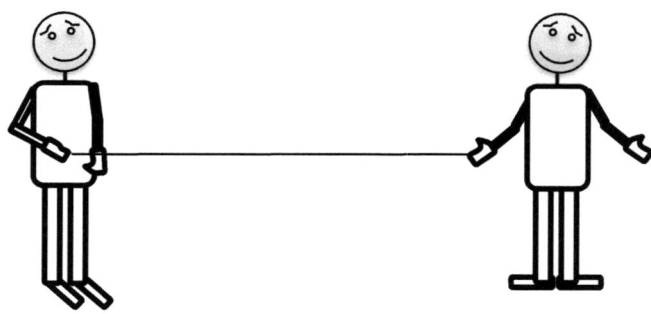

Die ausgesuchte Person hält nun die Schnur an einer Seite, Sie an der anderen.

Wenden Sie sich nun an die anderen Zuhörer. „Wenn diese Schnur die Zeitspanne vom Urknall bis heute darstellt; was meinen Sie, welchen Teil das Leben des Menschen auf diesem Planeten ausmacht?"

Mit solch einer Übung haben Sie einerseits eine Person als Hilfskraft eingebunden (und damit die Aufmerksamkeit etwas von sich abgelenkt) und andererseits binden Sie durch Ihre Frage ans Publikum alle in Ihre Präsentation ein.

Äußert einer: „ungefähr 10 cm", können Sie ihn bitten, das an der Schnur zu demonstrieren.

Schwupps hätten Sie eine weitere Person auf Ihrer Aktionsfläche.

Um nicht selbst durch das Halten der Schnur an einer Seite sozusagen festgebunden zu sein, bitten Sie anfangs direkt zwei Personen zu sich, die die Schnur spannen. Sie bleiben dann räumlich flexibel.

Ablenken durch: Bewegen auf der Aktionsfläche

Die Aktionsfläche ist der Raum, den Sie als Redner einnehmen. Sei es auf der Bühne oder ‚vorn' im Raum.

Immer wieder ist zu beobachten, dass sich Redner an einer Stelle positionieren und an dieser wie festgewachsen stehenbleiben. Die heutige Zeit verlangt flexibles Denken und Handeln.

Die Zeiten, in denen alles felsenfest auf Ewigkeiten gleich war, sind deutlich überholt. Zeigen Sie das dadurch, dass Sie den Ihnen zur Verfügung stehenden Raum nutzen.

Das ist nicht damit zu verwechseln, dass Sie wie wild hin und her rennen. Das würde eher unter den Zuschauern eine zu große Nervosität verbreiten.

Wechseln Sie hin und wieder Ihre Position zum Beispiel dann, wenn Sie einen neuen Gedanken ansprechen.

So ganz nebenbei hilft es dem Zuschauer aktiv zu bleiben, wie bereits weiter oben im Ratgeber beschrieben.

Hier setzen Sie diese Taktik ja hauptsächlich deswegen ein, um die eigene Nervosität zu verbergen. Durch Ihre Bewegungen werden körperliche Unsicherheiten kaschiert.

Ein Zittern der Knie oder der Hände ist so nicht mehr oder nicht mehr so deutlich zu sehen.

Sich selbst ablenken durch: Mit jemandem im Publikum Blickkontakt aufnehmen

Weiter oben haben wir uns bereits mit dem Blickkontakt auseinandergesetzt. Alle bisherigen Taktiken dienten dazu, das Publikum abzulenken.

Ergänzen wir als letzten Trick einen, der Sie selbst ablenken kann – und zwar ablenken von Ihrer Nervosität.

Suchen Sie im Publikum eine Person, die Ihnen durch ihr körpersprachliches Verhalten signalisiert, eine positive Einstellung zu haben.

Sie erkennen das daran, dass die Person häufiger zustimmend nickt und/oder Sie immer wieder freundlich anlächelt. Fixieren Sie anfangs (solange Ihre Nervosität anhält) genau und nur diese Person.

Durch deren Ausstrahlung werden Sie selbst etwas ruhiger und können damit Ihr Lampenfieber abbauen.

Bleiben Sie aber nicht während Ihrer kompletten Rede nur an den Augen dieser einen Person hängen.

Sobald Sie Ihre zurückgekehrte Stärke wahrnehmen, nehmen Sie professionell nach und nach Blickkontakt zu allen Personen auf.

Ausleitung

„Nervosität ade!"

Liebe Leserin, lieber Leser, Sie haben es gepackt! Glückwunsch! Wenn alles gut gelaufen ist, haben Ihnen die Übungen und Überlegungen geholfen, Ihre Nervosität vor Auftritten zu kontrollieren.

Sie wissen, weshalb Ihr Körper Sie unter Stress setzt – wichtiger aber, wie Sie damit umgehen. Nach und nach werden Sie merken, wie Ihnen Ihr Selbstbewusstsein verstärkt hilft, das Lampenfieber überschaubarer zu halten.

Sie werden höchstwahrscheinlich feststellen können, dass Ihre Reden immer ‚leichter' umzusetzen sind.

Die Nervosität wird Sie nicht mehr so extrem (negativ) beeinflussen. Das hat den schönen Nebeneffekt, dass Sie immer flotter, immer authentischer präsentieren können.

Sie werden spüren, mit welchem Elan Sie nun Ihre Reden umsetzen können. Im Idealfall werden Sie durch Ihren eigenen Erfolg motiviert.

Diese Motivation wiederum bringt Sie dazu, in Ihren Reden oder Präsentationen mal das eine oder andere auszuprobieren, wozu Sie sich früher nie getraut hätten.

So werden Ihre Vorträge immer raffinierter und individueller. Am Anfang der Reise stand nur, die Rede überhaupt irgendwie ‚über die Bühne' zu kriegen.

Nun sind Sie so weit, Ihre Präsentation immer ausgefeilter und zielgruppenorientierter darstellen zu können. Wunderbar!

Lassen Sie die Gaslampen, die früher auf der Bühne den Rednern die Schweißperlen auf die Stirn trieben, auf Ihr Redeziel fokussieren.

Investieren Sie Ihre Energie, gezielter und ungestörter handeln zu können. Die Hitze, die früher das Fieber erzeugte, nehmen Sie als ‚zu entfachendes Feuer' bei Ihren Zuhörern. Lassen Sie Ihre Begeisterung zum eigenen Thema wie ein ‚Feuer der Begeisterung' überspringen.

Ihre Präsentationen gehen Sie voller Mut und organisiert an! Sie werden sehen – Sie können mit jedem Mal ‚wachsen'.

Guten Erfolg mit Ihrem Wissen und Ihren Fähigkeiten.

Alles Beste bis zu einem möglichen ,Wiederlesen' in einem anderen Ratgeber unserer Reihe „Das kleine Rhetorik-Handbuch [2100]".

Horst Hanisch

Stichwortverzeichnis

Knigge als Synonym

Umgang mit Menschen

Suche weniger selbst zu glänzen, als andern Gelegenheit zu geben, sich von vorteilhaften Seiten zu zeigen, wenn Du gelobt werden und gefallen willst.

Adolph Freiherr Knigge, aus dem Buch „Über den Umgang mit Menschen",
1788
(1752 - 1796)

Schon zu seinen Lebzeiten war Adolph Freiherr Knigge (1752 – 1796) umstritten. Knigge setzte sich durch sein energisches Eintreten für die Ziele der Aufklärung, so wie er sie verstand, scharfen Angriffen aus. Er arbeitete als Romanschriftsteller und Satiriker sowie als politischer Schriftsteller. Er gehörte den Freimaurern an. Heute ist Knigge vor allem seines Buches wegen ‚Über den Umgang mit Menschen' (1788) bekannt. Und zwar deswegen, weil sein Werk als Etikette-Buch angesehen wird.

Das große Missverständnis

Knigge verdankt seinen heutigen Ruf und Erfolg aber einem Missverständnis. Denn: Das Werk Adolph Freiherr Knigges gilt als Etikette-Buch ersten Rangs. Allerdings beschreibt Knigge keine Regeln wie mit Besteck umzugehen ist oder das Verhalten bei Tisch, stattdessen offenbart er eine praktische Lebensphilosophie im Umgang mit Mitmenschen. Er gibt Anleitungen und Anregungen, wie mit seinen Mitmenschen richtig umzugehen ist. Knigge hoffte damit, dass die Menschen glücklich und froh miteinander leben könnten. Sein Buch erschien 1788 und war schon kurze Zeit in fast allen Haushalten zu finden. Auch über 200 Jahre nach Erscheinen prägt sich sein Buch im Bewusstsein der Leser als praktisches Handbuch über gutes Benehmen ein.

Über den Umgang mit Menschen

In drei Teilen seines Buches hat Knigge über den Umgang mit verschiedenen Menschengruppen geschrieben, zum Beispiel:

- Über den Umgang mit Leuten von verschiedenen Gemütsarten, Temperamenten und Stimmungen des Geistes und des Herzens (Erster Teil, 3. Kapitel)
- Über den Umgang mit Frauenzimmern (Zweiter Teil, 5. Kapitel)

- Über die Verhältnisse zwischen Herrn und Dienern (Zweiter Teil, 7. Kapitel)
- Über das Verhältnis zwischen Wohltätern und denen, welche Wohltaten empfangen; wie auch unter Lehrern und Schülern, Gläubigern und Schuldnern (Zweiter Teil, 10. Kapitel)
- Über den Umgang mit den Großen der Erde, mit Fürsten, Vornehmen und Reichen (Dritter Teil, 1. Kapitel)

Knigge heute als Synonym für Umgangsformen

Obwohl es heute klar ist, dass Knigge anderes verfolgte, als wir unter seinem Namen verstehen, soll ‚Knigge' als Synonym für den Bereich stehen, dem sich das vorliegende Handbuch widmet.

Wir behandeln das Thema Kommunikation in seinen Details. Ist das nichts anderes als der Umgang mit Menschen?

Gerade davon ausgehend, dass die zwischenmenschliche Kommunikation einen immensen Einfluss auf das Wohl und Gedeih eines Einzelnen nimmt, passt dieser Ratgeber gedanklich zu den Ideen des Freiherrn Knigge.

12 Ratgeber in der kleinen Knigge-Reihe

Der kleine ... -Knigge [2100] (Je € 9,70; 88 Seiten, 12x19 cm, kartoniert)

Anstands- und Banausen-...	Interkulturelle- und Auslands-...
Business- und Kunden-...	Bewerbungs- und Vorstellungs-...
Büro- und Kollegen-...	Event- und Feste-...
Gäste- und Gastgeber-...	Gastro- und Tischsitten-...
Gesellschafts- und Freunde-...	Speisen- und Exoten-...
Outfit- und Stil-...	Trinkkultur- und Getränke-...

12 x kleines Handbuch der Rhetorik 2100

Der kleine Handbuch der Rhetorik [2100] (Je € 9,70; 100 Seiten, 12x19 cm)

Erfolgreich reden	Wahrnehmung verzerren
Körpersprache einsetzen	Einwände entkräften
Gezielt trainieren	Gespräche führen
Nervosität austricksen	Meetings leiten
Begeistert überzeugen	Geschicktes Nudging
Unterschwellig manipulieren	Interviews führen

4 Ratgeber in der Ego-Management-Reihe

Jeder Ratgeber € 14,90, 104 Seiten, A5
Persönlichkeits-Management – Ego-Knigge 2100 Soft Skills, Selbst-Reflexion und Selbst-Bewusstsein

Stress-Management – Ego-Knigge 2100 Lampenfieber, Stressoren, Gerüchte, Mobbing, Burnout, Stressvermeidung
Zeit-Management– Ego-Knigge 2100 Umgang mit der Zeit, Organisation von Arbeitsabläufen, Perfektionismus, Zielsetzung
Gedächtnis-Management – Ego-Knigge 2100 Gehirn, Intelligenz, Schwachsinn – Hochbegabung, Gedächtnis, Lerntechniken

4 Ratgeber in der Reihe Lebenseinstellung

Jeder Ratgeber € 12,95, 160 Seiten, A5
Aberglaube-Knigge 2100 Von schwarzen Katzen, der linken Hand des Teufels und den Glücksbringern

Lügen- und Egoismus-Knigge 2100 Überleben durch Flunkern, Schummeln und Täuschen! Macht, Respekt, Wertschätzung? Lebenslüge und Lebensschutz
Glücks-Knigge 2100 Vom Glücklichsein, positiven Denken und von Freundschaften
Angst- und Optimismus-Knigge 2100 Die Furcht beherrschen, Ängste nutzen und positiv durchs Leben gehen

3 Ratgeber Bräutigam, Braut, Brautpaar

Bräutigam-Knigge 2100 Verlobung und Polterabend, Schwiegereltern und das Ja-Wort, Hochzeits-Outfit und Hochzeits-Kutsche
Braut-Knigge 2100 Brautkleid und Accessoires, Das große Hochzeitsfest, Höhepunkte und Hochzeitstanz

Brautpaar-Knigge 2100 Historisches und Sonderbares, Planung und Organisation, Aberglaube und Hochzeitsbräuche
Jeder Ratgeber € 15,90, 104 Seiten, A5, kartoniert

2 Ratgeber Selbst-Coaching

Jeder Ratgeber € 12,95, 120 Seiten, A5
Selbstbewusstsein Knigge 2100 Ich bin, ich kann, ich will. Das eigene Leben bestimmen, Soft Skills, The Winner 1
Selbstwertgefühl Knigge 2100 Steh auf! – Werde aktiv! – Zeige Profil! Das eigene Leben beeinflussen, Motivation, The Winner 2

Leben und Lifestyle

Das kleine Knigge-Quiz [2100] € 9,70; 96 Seiten, 12x19 cm, kartoniert
Jugend-Knigge [2100] Knigge für junge Leute und Berufseinsteiger, €
15,90; 152 Seiten
Zukunfts-Knigge [2100] Verfall der Sitten und Verlust der Wertschätzung?
Umgangsformen in 100 Jahren. Zusammenleben mit Menschen, Maschi-
nen und menschenähnlichen Robotern, € 14,95; 172 Seiten A5 karto-
niert
Hochzeits-Knigge [2100] Hochzeitsbräuche, Geschenke, Brautjungfer,
Trauung, Festgäste und Festmahl, € 29,95; 310 Seiten A5
Ü65- und Senioren-Knigge [2100] Die junge Alten und die alten Jungen,
Kommunikation und Verständnis zwischen den Generationen, Einsamkeit
und technischer Fortschritt, € 19,95; 180 Seiten A5
Blumen-Knigge [2100] Historisches, Mystisches, Festliches, Blumen-Spra-
che, Umgang mit Blumen-Präsenten, € 19,95; 144 Seiten A5
Bekleidung! Ausdruck der Persönlichkeit – Lukas' Outfit-Knigge
[2100], € 19,95; 196 Seiten A5
Nudel-Knigge [2100] Himmlische Teigwaren, € 17,95; 140 Seiten A5
Der Interkulturelle Kompetenz-Knigge [2100] Kultur, Kompetenz, Ein-
drücke – Gesten, Rituale, Zeitempfinden – Berichte, Tipps, Erlebnisse, €
29,95; 240 Seiten A5
Wertschätzung-Knigge [2100] Gleichberechtigung, Gender und Respekt,
Sexuelle Orientierung, Umgang bei Diskriminierung und Mobbing, €
14,95; 152 Seiten A5
Dschungel-Knigge [2100] Umgang in ungewohnter Umgebung, € 23,95;
192 Seiten A5
Der Dicke-Knigge [2100] Aus dem prallen Leben des Dicken, € 15,90; 104
Seiten A5
Typisch Frau – Typisch Mann Knigge [2100] Unterschiede und Gemein-
samkeiten im Umgang mit dem anderen Geschlecht, € 12,95; 128 Seiten
A5
Kulinarischer und Gastronomischer Knigge [2100] Von Events, Feiern,
Aperitif über Esskultur, Speisen und Getränken zu zeitgemäßen Tischsit-
ten, € 26,50; 284 Seiten A5
Klo- und Pinkel-Knigge [2100] Vom privaten und öffentlichen Bedürfnis -
Umgangsformen im Tabu-Bereich, € 13,50; 104 Seiten A5
Omi hüpf' mal Märchen meiner Großmutter, Erlebnisse ihre Jugend und
wahre Geschichten meines Vaters von und über Omi Rickchen, Hardco-
ver, € 29,95; 312 Seiten
Der Hunde-Knigge [2100] Umgang mit dem Hund – Hundesprache – Der
Hund in der Gesellschaft, € 17,95; 180 Seiten A5
Welcome to Germany-Knigge [2100] Umgangsformen, Verhaltensmuster
und gesellschaftliches Miteinander im deutschsprachigen Europa, €
11,99; 108 Seiten A5
Besuch willkommen Knigge [2100] Einladung, Gast, Geschenk, Empfang,
Feier, Gastfreundschaft, € 14,95; 200 Seiten A5
Leben, Tod und Ansichten Austausch mit Berühmtheiten über Wichti-
ges und Unwichtiges im Leben, € 12,95; 116 Seiten A5
Leben, Tod und Überlegungen Austausch mit Berühmtheiten über
Größe, Ewigkeit und Spaß im Leben, € 12,95; 116 Seiten A5
Tod, Trauer, Totenkult-Knigge [2100] Sterben, Trost, Takt, Bestatten,
Tradition, Vorsorge, Tabus, Vergänglichkeit und Sonderbares, € 17,95;
212 Seiten A5

Leben und Lifestyle

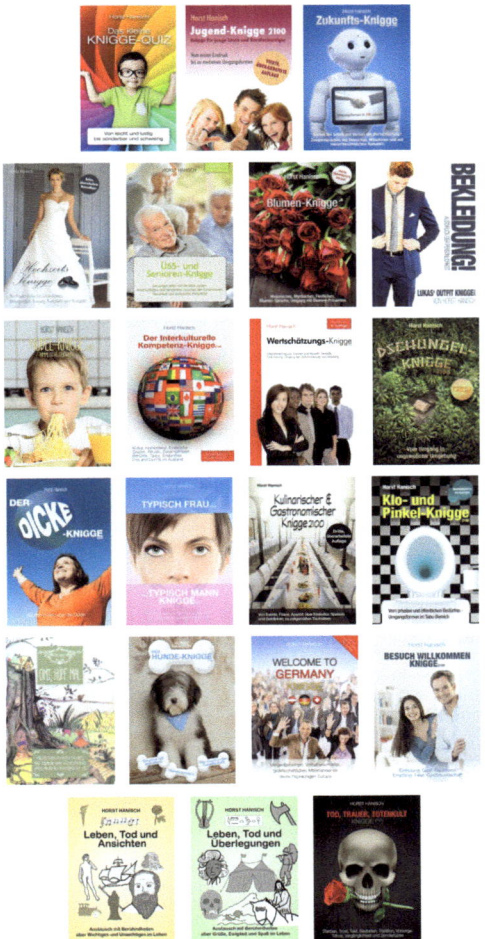

Rhetorik, Soft Skills, Hochschule, Beruf

Rhetorik ist Silber Von den ersten Schritten zu einer perfekten Präsentation, € 17,90; 144 Seiten A5, kartoniert, Zeichnungen
Moderation ist Gold Gesprächsführung, Umfragen, Talkrunden und Manipulation, € 17,90; 144 Seiten A5, kartoniert, Zeichnungen
Lebhafte Körpersprache in Vorträgen, Präsentationen, Gesprächen, € 17,90; 144 Seiten A5, kartoniert, ca. 290 Zeichnungen
Rhetoric – Mastering the Art of Persuasion, € 22,90; 144 Seiten A5, kartoniert
Discussion – Mastering the Skills of Moderation, € 22,90; 144 Seiten A5, kartoniert, Zeichnungen
Body Language in Europe, € 22,90; 144 Seiten A5, kartoniert, ca. 290 Zeichnungen
Körpersprache – Lüge, Verrat, Macht, Im Beruf, vor Gericht, beim Flirt – Gewinnerpose und Demutshaltung – Drohung und Zuneigung; € 29,95; 364 Seiten A5, kartoniert, über 400 Zeichnungen
Das große Buch der Rhetorik [2100] Tacheles reden; Präsentieren; manipulieren und überzeugen, € 37,45; 332 Seiten A5, kartoniert, viele Darstellungen
Trickreiche Rhetorik [2100] Psychologische Gesprächsführung, manipulierende Darstellung, unaufdringliches Nudging, € 37,45; 300 Seiten A5, kartoniert, Zeichnungen
Soft Skills-Knigge [2100] Soziale, Persönlichkeit, Selbstmanagement, € 37,45; 324 Seiten A5, kartoniert, viele Darstellungen
Schlagfertigkeit-, Spontaneität-, Stegreif-Knigge [2100] Impulsiv handeln, verbale Angriffe kontern, Störungen entwaffnen, € 13,50; 104 Seiten A5
Pitch Skills und Überzeugungs-Knigge [2100] Elevator Pitch, Geldgeber beeindrucken, Feuer versprühen, € 13,50; 128 Seiten A5, kartoniert
Smalltalk-Knigge [2100] Vom kleinen Gespräch bis zum charmanten Flirt - Kontakt ausbauen, Sympathie zeigen, Begehrlichkeit wecken, € 13,50; 100 Seiten A5
Quassel-Knigge [2100] Quasseln, Quatschen, Quengeln oder Lebenswichtige Kommunikation – Gezielt eingesetzte Rhetorik – Aussagekräftiges Profil zeigen, € 13,50; 112 Seiten A5
Hochschul-Knigge [2100] Studentischer Umgang in und außerhalb der Hochschule am Beispiel der Cologne Business School, 132 Seiten A5, kartoniert, Fotos
Jugend-Karriere-Knigge [2100] Schule und Studium, Netzwerk und Klüngel, Erfolg und Risiken, € 19,95; 224 Seiten A5, kartoniert, Zeichnungen, Checklisten
Bewerbungs-Knigge [2100] **für Frauen – Tina bewirbt sich / Bewerbungs-Knigge** [2100] **für Männer – Tom bewirbt sich**, Vorbereitung, Wahl der Kleidung, Verhalten beim Bewerbungsgespräch, je € 19,70; 128 Seiten A5, kartoniert, Fotos, Checklisten
Kreativitäts-Knigge [2100], Visionärhaft denken, Scheuklappen sprengen, Mentales Risiko eingehen, € 14,95; 164 Seiten A5, kartoniert
Team und Typ-Knigge [2100], Ich und Wir, Typen und Charaktere, Team-Entwicklung, € 14,95; 128 Seiten A5, kartoniert, viele Darstellungen
Die flotte Generation Y im 21. Jahrhundert, selbstbewusst – lebensbetonend – flexibel. Wie mit der Generation Y zielorientiert und erfolgreich gearbeitet werden kann, € 12,95; 116 Seiten A5, kartoniert, Zeichnungen
Die flotte Generation Z im 21. Jahrhundert, entscheidungsfreudig – effizient – eigenverantwortlich. Wie mit der Generation Z zielorientiert und erfolgreich gearbeitet werden kann, € 12,95; 140 Seiten A5, kartoniert, Zeichnungen

Rhetorik, Soft Skills, Hochschule, Beruf

Englisch:

Beratung, Coaching, Seminar

Wer hat nicht gerne mit Menschen zu tun, die selbstbewusst und selbstsicher mit anderen Menschen umgehen?

Geschäftspartnern, die die elementaren Regeln des ‚Benimms' beherrschen, stehen die Türen zum Erfolg offen.

Unternehmen, die neben ihrer fachlichen Leistung auch ‚menschlich' überzeugen wollen, bieten wir für ihre Mitarbeiterinnen und Mitarbeiter aktives Training im Umgang mit Kunden, Gästen, Kollegen und Gesprächspartnern an.

Auf unserer Website informieren wir Sie über unsere Angebote:

- Firmen-Internes-Training
→ Business-Etikette und das Lehrmenü
→ Präsentieren, Moderieren, Kommunizieren
→ Körpersprache und ihre Geheimnisse
- Offen ausgeschriebene Seminare
→ Teuflische Rhetorik
→ Flottes Reden vor und zu anderen
→ Der erste Eindruck

→ Ladies Power
- Individuelles Einzelcoaching
→ Authentisches Auftreten
→ Dress for Success
→ Verhandlungstechniken
→ Persönlichkeit
- Interkulturelles Training
- Freundlichkeits-Checks in Unternehmen
- Workshops

→ Soft Skills
→ Team-Training
- Intensiv-Training für
→ TV-Auftritte
→ Vorträge
→ Präsentationen
→ Reden
- Fachliteratur und Arbeitsunterlagen
- Vorträge/Speaker
→ Vor kleinem und vor großem Publikum

Individuelles Coaching für Einzelpersonen: Und, wer es ganz individuell mag, greift zurück auf ein Einzel-Coaching. Hier werden ganz persönliche Herausforderungen angegangen, mit Themen wie:

- Interkulturelle Kompetenz
- Selbstsicheres Auftreten
- Präsentations-Techniken
- Erfolgreiche Verhandlungsführung

- Der Erste Eindruck
- Bewerbungstraining
- Rhetorik und Überzeugungskraft

und andere Themen – direkt auf die besonderen Bedürfnisse des Einzelnen zugeschnitten. Besuchen Sie uns auf www.knigge-seminare.de

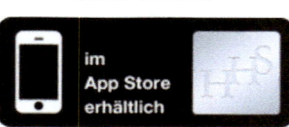